陽陽

JN275884

爆買い中国人は、なぜうっとうしいのか？

講談社+α《プラスアルファ》新書

はじめに

私は今、大学の講師として、いくつかの大学で教養中国語や、中国語を専攻するクラスを受け持ち、学生たちに教えています。

最初に留学生として日本に来て以来、早二十数年の年月が経ちました。長年いくつもの大学で講師を務め、かつては私の専門である中国古典文学の講座も持っていましたが、今の学生相手にそうしたカリキュラムを組む大学は、残念ながらめっきり少なくなりました。古典よりもすぐに役立つことをということなのでしょう。中検（中国語検定）を受けてある程度の資格を持つことは、これからの時代いろいろな意味で有利だと、学生たちも考えているようです。

就活を始めた英文科の学生が、さまざまな企業で中国語のできる人材を求めていることを知り、四年生になってから一年生に交じって授業を受けに来る例もあるほどです。日中の関係が、それだけ緊密度を増しているということでしょう。

その一方で、日本では隣国の中国に対して、よく「近くて遠い国」と言います。こんなにも近くにあるのに遠い存在のように理解しにくいということを意味しているのでしょう。

この表現は時に韓国、ロシアにも使われるようですが、歴史が長く国土も広く、多くの民族が共存している中国のほうが確かに複雑で理解し難いところがたくさんあるかもしれません。

実を言いますと、中国人の私でも分からないことがいっぱいあります。

中国については何につけ「一言で言えば？」と尋ねられても、地域によってかなり事情が違ってくるので、なかなか簡単には答えられません。

例えば、とても日常的なことですが、中国人がお正月に水《すい》ギョーザを食べるのは、日本でもよく知られていることですね。しかし、身近にいる夫の実家では、これをまったく食べません。その代わりにワンタンと餅を食べます。

夫の両親は若い時、仕事で上海から北方に引っ越したにもかかわらず、お正月の習慣がずっと変わらず、南方の伝統料理を食べるのです。

生活習慣ですらそうですから、ましてや、人の心を読み取るのは、なおさら至難の業です。長年連れ添った夫婦だって、いつも一緒にいるのに、相手の心をよく知らないことはないでしょうか。いくら愛していると言っても、しょせん赤の他人です。

国と国、民と民の付き合いも似たようなものと言えます。私たちはまずこの宿命的な事実を直視しなければなりません。

グローバル社会の深まりにつれて、同じアジアの国々との共生のみならず、遠くにあるヨーロッパ、アフリカ、南米など、世界の国々との共生は避けては通れない世の中になっています。

日本と中国の状況だけを見ても、ご存じのように、日本で働く中国人は多いですが、近年、中国で仕事をする日本人もかなり増えました。

以前のように、日本の本社からの派遣ではなく、中国企業に入って社員として働く人や、個人で大陸に渡り会社を経営する人、大学の教壇で教える人、モデルやデザイナーとして活躍する人も決して珍しくありません。

異国の地で自己実現を果たし、生きがいを求める傾向は、お互いにさらに広がっていくのではないかと思われます。

しかし、ここ数年の日中関係は、領土問題や大気汚染、食品の安全性などの問題が火種となり、一九七二年の国交回復以来最悪の状態とも言われています。日本国内では、「中国や中国人を理解するのは不可能」、「永遠に相容れない」といった悲観的な論調が目立ちます。

世界において、中国と日本は、アメリカに次ぐ第二と第三の経済大国であり、アジアでは共にリーダー的な存在です。日中友好は両国のためだけではなく、アジアの安定や経済の発展、その上、世界の経済繁栄にも重大な意義があります。ですから、日中間の相互理解や友好関係を諦めるのでなく、これを深めて行かなければなりません。

ならば、どうやって真の理解、友好を実現することができるでしょうか。残念ながらそこに近道はなく、その第一歩はやはり相手と自分との違いを知り、そして、広い心で理解し合うしかないでしょう。

「理解万歳」は、中国の元国務院総理（首相）で、日中国交回復の共同声明に調印したことでも知られる周恩来《しゅうおんらい》（一八九八〜一九七六）の言葉と言われています。

要するに、相手の立場に立って相手を理解することがもっとも大切という意味合いです。たとえ相手の悪い習慣や醜いところであっても、寛容、共存の気持ちで付き合っていく必要があります。

私個人の結婚生活からも「理解万歳」の大切さをつくづく感じます。結婚してから、ずっと夫の悪い習性（笑）を変えようと努力してきましたが、二〇年以上の歳月を経ても、結局変わりませんでした。つまり、相手を変えることは無理ということです。

もちろん夫も同じことを感じているでしょう。ですから、理解、寛容という心を持たないと、夫婦はやっていけません。

中国は近・現代において、たび重なる戦争や革命を経て、従来の文化がかなり変わった部分があります。

しかし、それでもなお、中国大地、そして中国人の心に根を下ろしていたものは多く残っています。要は国の根幹、民族の伝統は容易に変わることはないのです。

従って、その歴史や伝統を無視して今の中国人や、その社会を理解しようとすることには、無理があります。

本書では、中国の伝統文化、とくに日本人にもよく知られている歴史書や文学、さらには庶民の間で広く伝わっている諺《ことわざ》なども参照しつつ、草の根の視点から現代中国人、中国文化の本質的なものについて考えてみようと思います。日本のみなさんの中国理解に少しでもお役に立てれば、これほどの喜びはありません。

◉目次

第六章　中国人と日本人は理解し合えるか？

第一章　なぜ声が大きいのか？

「大」を好む中国人

中国人は声が大きくてうるさいと、よく耳にします。大きな声でしゃべっている中国語は、まるで喧嘩のように聞こえるとも言われます。

旅行や商用で中国を訪ねたことのある人はもちろん、日本国内においても、二〇一五年の流行語大賞にも選ばれた「爆買い」をしている中国人の団体旅行客などに出会って、こうした印象を持った人は少なくないでしょう。

確かに、中国人の声は大きいです。長く日本に住んでいる中国人である私でも、久しぶりに帰省すると、店、駅、電車の中、あるいは道端、どこに行っても周りの大きな声に囲まれ、リラックスできません。「うるさいなあ」と思わず口にしてしまうことさえあります。物静かであること、声高に自己主張しないことが美徳とされてきた日本人からすれば、中国人が大声で話す姿は、「品がない」ものに映るでしょう。

けれども、実はこうした中国人の姿の根底には、「大」を好むという伝統的な文化気質があります。中国では、この「大」の光景が至るところで見られます。

中国全土の観光スポットも、「大仏寺」「大王廟《だいおうびょう》」といった「大」のついた名称がほとんどです。

また、「大」の文字は、「大躍進」や「文化大革命」といった現代中国の政治運動にも利用されてきました。

日本では昭和四〇年代に、「大きいことはいいことだあ」と歌うチョコレートのCMが流《は》行《や》ったそうですが、中国においては、古来、歴史の流れの中に、絶えずこの価値観が受け継がれてきたのです。

まずは、日本人からとかく嫌悪や揶《や》揄《ゆ》の対象にされがちな中国人の「大」について、理解を深めていただくことから始めましょう。

羊が大きければ美しい

「美」という字を見てみましょう。上は「羊」で下は「大」です。つまり、羊が大きければ美しいというのが、「美」という字の成り立ちです。「美」について、後漢の文字学者・許慎《きょしん》(五八頃〜一四七頃)は、中国でもっとも古い部首別漢字字典『説文解字《せつもんかいじ》』でこう解釈しています。

美は甘《かん》なり。羊に従う大に従う。

「美」は「羊」と「大」の部首でできていて、「美」とは「甘」である、と。「甘」は、おいしいという意味です。

もともと単音節語の多い文語から二音節語がメインに変化してきた現代中国語において、「美」は食べ物のおいしさを表現し、「味美」「美味」といった言葉は料理のおいしさを表わすのに、なくてはならない言葉です。

「美味」という言葉は、日本でもすっかりおなじみになりましたが、中国では、食べ物や料理店の名前としてもよく使われています。例えば、「味美蛋糕（美味しいケーキ）」、「味美茶餐庁（美味しい飲茶《ヤムチャ》店）」、「美味焼烤（美味しい焼肉料理）」などなどあります。四字熟語では、「色香味美（色、香り、味のすべてが上等な料理）」、「美味佳肴（おいしいごちそう）」といった表現もあります。

さて、ここであらためて注目したいのは、「羊が大きければ美しい」という発想です。羊の肉がおいしいから美しいというのではなく、大きな羊こそ美しくおいしいのです。

この「大」が美しいという美意識は、中国文化、中国人の生活のさまざまな面に現れます。

太って大きな女が美人

紀元前一一世紀より前六世紀にいたる約五百年間の詩歌を集めた、中国文学史上、初めての詩集である『詩経《しきょう》』（前六世紀成立）は、中国上古の政治や風習、恋愛、婚姻などさまざまな社会の実態を映し出し、中国古代社会の鏡と称されます。その中に詠《よ》まれた美人にも、やはりこの「大」の美意識が現れています。

『詩経』の時代には、上流貴族も庶民もみな、体型が「高大強壮」であることを女性美として崇《あが》めていたのです。『詩経』に収められている「澤陂《たくひ》」に、

有美一人　　美《び》なる一人《いちにん》有《あ》り
碩大且儼　　碩大《せきだい》にして且《か》つ儼《げん》たり
寤寐無為　　寤寐《ごび》為《な》す無《な》し
輾轉伏枕　　輾転《てんてん》枕《まくら》に伏《ふ》す

とあります。

この詩で、男を魅了した美女は、「碩大」かつ振る舞いがおっとりしている女性です。「碩

大」というのは、とても大きいという意味です。男はこのとても大きい娘と結婚することができなくて、涙をぼろぼろこぼし、夜も彼女が恋しくて眠れずに、苦しんで寝返りを打つばかりだと謡《うた》っています。

もう一つ、同じ『詩経』の「椒聊《しょうりょう》」には、

彼其之子　　彼《か》の其《そ》の之子《しし》は
碩大無朋　　碩大《せきだい》にして朋無《たぐいな》し

とあります。ここでも男が愛している美人は「碩大無朋」――大きくて比べるものがないという女性です。

これらの詩歌は、当時の女性に対する美意識を如実に反映しています。要するに、とても大柄な女性が美女とされていたのです。これは当時の中国という大地で自然に生まれ、その時代の生活環境にも適応した健康的な美意識でした。

「大」という美意識は、後世にも受け継がれていきます。

楊貴妃《ようきひ》（七一九～七五六）をはじめ、唐《とう》の絵画や彫刻、陶俑《とうよう》（陶製の人形）などで表現された女性も、そのほとんどが福々しく太っている姿でした。

この太った美人は先の「碩大」の美人とつながっています。唐の時代の言葉に、「以胖為美（胖《はん》を以《もっ》て美《び》と為《な》す）」というものがあります。「胖」、すなわち太っているものが美しいと見なされたのです。

日本でもおなじみの唐の有名な詩人・杜甫《とほ》（七一二〜七七〇）の「丹青引《たんせいいん》」には次のような詩句があります。

幹惟画肉不画骨　　幹《かん》は惟《た》だ肉《にく》を画《えが》いて骨《ほね》を画《えが》かず
忍使驊騮気凋喪　　忍《しの》んで驊騮《かりゅう》をして気《き》凋喪《ちょうそう》せしむ

この「幹」は、唐でその名が知れわたっていた、馬を描く宮廷画家・韓幹《かんかん》を指しています。彼は馬の様々な姿を描くために夢中で馬を観察し、厩《うまや》で馬といっしょに寝たりもしました。正真正銘の写実派画家です。彼が描いた馬からも時代の美意識が窺《うかが》い知れます。

杜甫の詩では、韓幹が描いた馬は肉ばかりで骨がない。どうして駿《しゅん》馬《ば》の満ちあふれている生気《せいき》、気骨《きこつ》を失くしてしまうのか、と詠んでいます。

杜甫は韓幹の馬の絵を批判したわけですが、一方の韓幹の立場に立って考えれば、彼は写実派画家として、実際に目の前にいる宮廷の太っている馬たちを忠実に再現しただけで、批判されるのは心外だったことでしょう。

現代の中国社会においても、久しぶりに友人や同級生に会うと、「你発福了（やあ、太ってるね）」と言います。これは特に中年以上の中国人の間でよく使われている決まり文句です。「発福《ファーフウー》」とは、太ること。「太る」ということは、裕福、順調、安定、幸せなどプラスの意味を持ちますから、「太ってるね」という挨拶は決して悪口になりません。むしろ縁起のいい言葉なのです。

ただ、一九七九年に改革開放政策が実施されてから、生活レベルの向上につれて、健康意識も高まり、中国でも次第に日本と同様、年齢性別を問わず、痩せている体型に憧れるようにはなりました。こんな現代ふうの諺があります。

「有銭難買老来痩」

お金がいくらあっても、年を取ってから痩せる体を買うのは難しい、という意味です。

しかし、その一方、「大（大きい）」と「胖（太る）」の伝統的美意識は、依然として残っています。例えば、男の赤ちゃんが生まれたときに、「大胖小子（大きくて太っている男の赤ちゃん）」という言い方があり、これは最高の褒め言葉です。

近年、中国でも、母親の体の負担や難産のリスクを考慮し、大きい赤ちゃんを産むことをあまり奨励しないのですが、実際は、男女を問わず大きな赤ちゃんが生まれたら、やはり喜びますし、また自慢できることでもあります。「うちの子は生まれたとき、四〇〇〇グラムを超えてたんだよ」「××さんは四五〇〇グラムの赤ちゃんを産んだんだ。すごいなあ」と、それはめでたい雰囲気に溢れるのです。

「おじいさん」と呼ばれたい

日本人は、他人におじいさん、おばあさん呼ばわりされることを、基本的には喜びませんね。そこそこ高齢になれば別でしょうが、実際に孫がいても他人からはこう呼ばれたがりません。特に最近の日本人女性は、自分の本当の孫に「おばあちゃん」と呼ばせない人もいるようです。しかし、中国人は違います。

中国語では年上を「大」、年下を「小」と言います。例えば、「田中さんは私より一歳年上です」という日本語を中国語で表現すると、「田中比我大一歳」となります。「大」を好む中国人は、歳が上であること、あるいは年上に見られることをむしろ喜びます。

例えば、髭を伸ばした若い男性が、バスの中で小学生に「おじいさん」と呼ばれ、席を譲られました。この場面、日本人だったら、きっと戸惑うか、あるいは心外に思うでしょう。

しかし、中国人の彼は大喜びで、「今日、僕はおじいさんと呼ばれたよ」と、同僚や家族、あちらこちらにその話をしてまわるのです。なぜかと言えば、誰かに誤って自分の「輩《はい》」を上にされたら、得したような気分になるからです。

「輩」（「輩分《はいぶん》」とも言う）というのは、長幼の序、世代を意味し、従来、中国人の人間関係にとってとても大事なものです。中国では相手に声をかけるとき、まず、この人は自分と同じ世代か、自分の両親と同じ世代か、あるいは自分の祖父母と同じ世代か、正しく判断する必要があります。間違ったら、その人は「不分輩分（長幼の序も分からないやつ）」と言われてしまいます。

「輩分」というのは基本的な礼儀ですから、子供も近所の目上の人に挨拶するとき、日本のように「こんにちは」「こんばんは」だけではいけません。必ず、まず「〜おばさん」「〜おじいさん」と呼びかけて、その次に「こんにちは」などの挨拶をします。そうしないと、この子は礼儀が悪い、親がしつけをしっかりしていないと見られます。

中国人の間では、近所の人や毎日会っている同僚ならば、むしろ「こんにちは」という言葉を使わず、「〜おばさん」「〜おじいさん」「〜さん」といった呼びかけだけで挨拶代わりになります。

さて、中国人の「大」を好む話に戻りましょう。うちの子供がまだ小さいとき、当時私が中国で勤めていた大学に連れて行ったことがあります。子供には、当然同僚たちに挨拶させなければいけません。この場合、子供には「～先生」「～さん」では呼ばせません。必ず「～おじさん」「～おばさん」「～おじいさん」「～おばあさん」というふうに呼ばせます。すると、私の子供が「～おじさん」と挨拶した男の先生たちが「～おじいさんで呼んで」と自ら注文してくるし、ときには向こうから「おじさんじゃなくて、おじいさんだよ」と笑いながら訂正してくるのです。本当はまだ「おじいさん」の年ではない人たちなのに、みんなが「おじさん」より、「おじいさん」のほうを好むのです。

「老」が好まれる

中国では、小学生から大学生まで学生同士の間では、フルネーム（親しくなると名前だけ）で呼び合い、教員も普通フルネームで学生を呼びます。これが、会社に入ると、苗字の前に「小」、あるいは「老」をつけて呼び合うのが一般的になります。

例えば、王《おう》という苗字の人なら、若いとき「小王」、年をかさねると、「老王」と呼ばれます。この「小」と「老」の境目はだいたい三〇代の半ばくらいです。

こんなエピソードもあります。やはり私が向こうの大学に勤めていたときのことです。二〇代からずっと我が学部の教務をしてきた五〇代に入った女性の周《しゅう》さんを、同年代の教員たちはみな「小周」で呼び続けてきました。この「小」は、年齢というより、彼女の可愛らしい人柄に親しみをこめてつけていた呼び方です。

ある日、新しく入ってきた教務の新人が、彼女に「小周」と声をかけると、彼女は「あなたにそう呼ばれる筋合いはない」と怒って言いました。つまり、本当は年上として尊敬されるべきなのに、新人に「小」で呼ばれ、自分が侮辱されたと感じたのです。要するに、中国の「老～」という呼び方には、ただ若くないという年齢的な意味だけではなく、尊敬の意も含まれています。

中国では、「老」をつけて尊敬の意を表わす呼称がかなりあります。老大娘（知らない年配の女性に声をかけるときの尊称）、老大爺（知らない年配の男性に声をかけるときの尊称）、老奶奶（子供から年配の女性への尊称）、老爺爺（子供から年配の男性への尊称）、老人家（男女を問わず、年配の人に対する尊称）、老兄（日本語の「貴兄」に相当する、男性の友人に対する敬称）、老師（教師に対する尊称）などなど。

そして、もう一つ「老」の使い方があります。これは人の苗字の後ろに「～老」とつける呼び方で、最高級の尊称です。例えば、王という苗字なら、「王老」というふうに呼びます。ただし、中国全土にわたって「～老」で呼んでもらえる人はとても稀です。年を取っているだけでなく、人徳も学識も非常に高く、ある分野において特別な貢献をした人でないと、この「～老」の呼び方は絶対にしてもらえないものです。

一方、中国人は「老」を愛称としても使います。例えば、自分の両親を「老爸」「老媽」と呼ぶ。日本語で言えば「父ちゃん」「母ちゃん」といったニュアンスです。その両親は必ずしも年を取っているというわけではなく、二〇代の両親にも使います。

「大」好みに連なる、中国人のこうした「老」好みは、アンチエイジング流行りで「老」を敬遠する日本人にとっては、なかなか理解しにくいことかもしれません。

罵る言葉も「大」

中国では、諍《いさか》いの際に相手を罵《ののし》る言葉にも、この「大」の文化が大いに反映されています。怒って心理的に相手より優位に立ちたいとき、「你是我児子（おまえは俺の息子だ）」、「你是我孫子（おまえは俺の孫だ）」、「我是你爺爺（俺はおまえのお爺さんだ）」などというふうに罵る。要するに、こうやって自分を目上、「大」にするのです。これで相手より自分の「輩分」が上になり、優越感が得られるというわけです。

逆に、自分は絶対嘘を言っていないから信じてほしいという気持ちを相手に表明するとき、その誓いの言葉に、「我要是説謊、是你児子（私が嘘をついたら、あなたの息子になる）」、「我要是説謊、是你孫子（私が嘘をついたら、あなたの孫になる）」といった表現があります。自分の「輩分」を下げ、「小」にするという罰を提示することによって、信用や信憑性を強く誓うのです。

中国人の「大」「小」の価値観、「大」に対するこだわりがいかに強いものであるか、少し分かっていただけたでしょうか。

ますらおぶりを表わす大声

台湾の著名な作家である柏楊《はくよう》さんが、かつてアメリカで「醜陋的中国人（醜い中国人）」というタイトルで講演され、こんな笑い話を披露しました。

ある日のこと、アメリカのある街角で、二人の広東省出身の中国人がしゃべっていると、突然警察官が間に割って入り、何をしているのかと訊問されました。すると、二人は言いました。

「えっ!?　どうかしましたか？　我々が内緒話をしていたのが何か問題でも？」
実は彼らがしゃべっている様子を見ていたアメリカ人が、中国人同士の喧嘩だと思って、警察に通報したのです。

なぜ、中国人の声はこんなに大きいのでしょうか。声の大きい方が筋が通っていると思われるからではないかと、柏楊さんは解釈します。

また、中国人は礼儀作法が悪く、荒っぽい性格だから、大声を出したりするんだと言う人もいます。しかし私は、これもやはり「大」の中国文化からきちんと考える必要があると思います。

中国には「声如洪鐘」という古い言葉があります。この洪水にも使われる「洪」は、やはり「大」の意味で、人の声が大きくてよく通り、大きな鐘が叩かれたような音だという意味です。明《みん》の馮夢龍《ふうぼうりゅう》（一五七四〜一六四六）の小説『東周列国志』には、

郤缺生得身長九尺、隆准豊頤、声如洪鐘、文公一見大喜

とあります。春秋戦国時代、郤缺《げきけつ》という人物が推挙され、はじめて晋《しん》の文公《ぶんこう》（前六三六〜前六二八在位）に会ったときの、彼に対する描写です。

郤缺は「九尺」（古代の中国では、時代によって「尺」の長さが違っていて、春秋戦国時代の場合、一尺＝約二三センチなので、およそ二〇〇センチぐらい）という身長で、鼻が高く、頬が広く、声は「洪鐘《こうしょう》」の如く。文公はこれを一目見てたいへん喜んだ、というのです。

「声如洪鐘」は褒め言葉で、郤缺のますらおぶりを表わしています。現代中国においても、男、とくに年を取った男の男らしさ、勇ましさを表現するときに使われています。

中国には「好大喜功」という四字熟語もあります。日本語に訳すと、「もっぱら大きなことをしたがり、手柄を立てようとする」という意味です。この言葉がもっとも古く用いられたのは、漢《かん》の武帝《ぶてい》（前一四一〜前八七在位）への評価だったようです。宋《そう》の羅泌《らひ》がその史書の『路史《ろし》』に、

昔者漢之武帝、好大而喜功

と書いています。漢の武帝は中国の歴史上、優れた才能を有した皇帝です。彼は強い国を作ろうと努力し、匈奴《きょうど》と戦ったり、シルクロードを開拓したりして、漢に大いなる繁栄をもたらしました。まさに「好大喜功」の人であったというわけです。

政治利用された「大」

一九四九年に新しい中華人民共和国が成立して以降、この「大」の文化伝統は国威発揚に直結されていきます。周知のように、新中国が成立してから、一九七六年に「四人組」（文化大革命中、毛沢東《もうたくとう》（一八九三〜一九七六）の妻・江青《こうせい》（一九一五〜一九九一）を含めた四人の権力者グループ）が倒されるまでの三〇年近い間に、さまざまな政治運動がありましたが、そのたびにこの「大」が大いに用いられました。

「大鳴大放《だいみんだいほう》」――一九五七年、中国共産党が党の整風運動を行い、国民に「共産党に対して意見があれば、遠慮なく何でも申し立ててください」と呼びかけました。しかし、その通りに自分の考えや意見を申し立てた人々の多くは、後に「右派《うは》」という悪名を着せられました。流人のように、田舎で労働させられたり、牢屋に入れられたりした人も少なくありません。

「大躍進」――一九五八〜一九六〇年の間、全国で推し進められた工業、農業の大増産計画。実態は過激で妄動的「左」路線で、失敗に終わりました。

「文化大革命」――一九六六～一九七六年の一〇年間、政治や社会、文化の改革を名目に行われた政治運動です。毛沢東を軸とした権力闘争と粛清の嵐の中で、国家主席の劉少奇《りゅうしょうき》（一八九八～一九六九）をはじめ、多くの無辜《むこ》の人が批判され、倒され、命まで失ってしまいました。

そして、この文化大革命の一〇年間には、また多くの「大」がありました。

「大批判」――古代の孔子《こうし》（前五五二［一説に前五五一］～前四七九）から新中国のリーダー、学校の教員、芸能人、資本家、地主などを批判すること。

「大字報」――あちらこちらに貼られていた壁新聞。

「大弁論」――各革命派閥で行われた弁論会。

「大串聯《だいかんれん》」――毛沢東主席を守ろうという赤い腕章をつけた紅衛兵《こうえいへい》たちが、全国各地で革命の経験談を話したり、「四旧（旧思想、旧文化、旧風俗、旧習慣）」と呼ばれたものを壊したりした出来事。

右のように、中国人の精神に根付いた「大」の美意識が、こうしてそのまま政治運動の推進に利用されました。文化大革命中育ちの私にとっては、複雑な思いとともに忘れられないものです。

李白と杜甫の誇張

話が少し堅苦しくなりました。もっと大らかでロマンのある詩歌の話をいたしましょう。

この「大」の美意識は、当然中国の文学作品にも、よく見られます。ご存じのように、唐は中国詩歌の黄金時代で、「詩仙《しせん》」の李白《りはく》（七〇一〜七六二）、「詩聖《しせい》」の杜甫をはじめ、大勢の詩人が優れた詩歌を残してくれました。彼らの作品にもこの「大」の特徴は著しいものです。

白髪三千丈　　白髪《はくはつ》　三千丈《さんぜんじょう》
縁愁似箇長　　愁《うれい》に縁《よ》って箇《かく》の似《ごと》く長し
（李白「秋浦歌《しゅうほか》」）

日本では、この詩はかなり親しまれているようですね。とてもとても長い白髪をイメージさせることによって、目に見えない詩人の憂い、悩みを表出しています。思い切った誇張の手法です。

朝辞白帝彩雲間　　朝《あした》に白帝《はくてい》を辞《じ》す　彩雲《さいうん》の間《かん》

千里江陵一日還
両岸猿声啼不住
軽舟已過万重山

千里《せんり》の江陵《こうりょう》 一日《いちじつ》に還《かえ》る
両岸《りょうがん》の猿声《えんせい》 啼《な》いて住《とど》まらず
軽舟《けいしゅう》已《すで》に過《す》ぐ 万重《ばんちょう》の山《やま》
（李白「早《はや》く白帝城《はくていじょう》を発《はっ》す」）

これも日本でたいへん親しまれている詩です。詩人の嬉しい気持ちを大いに表わしています。朝、彩雲の間にそびえる白帝城を離れ、速度を増して千里の江陵を一日のうちに渡って行きます。両岸で猿が鳴いているが、しかし、まだ鳴きやまないうちに、私が乗っている小舟は早くも幾重にも重なる山の間を行き過ぎてしまいました。

ご覧のように、大きな悩み、大きな喜びなどは、極端な誇張の手法を通して表現されています。

中国文学史上、李白はロマン主義詩人、杜甫は現実主義詩人と捉えられています。李白と異なって杜甫は「工筆細画《こうひっさいが》」の詩風で有名です。つまり、繊細な細密画のような描写が杜甫の真骨頂《しんこっちょう》です。しかし、杜甫の作品においても、この「大」の美意識に溢れているものが少なくありません。日本の高校国語教科書にも選ばれた次の「旅夜書懐《りょやしょかい》」は、杜甫晩年の作品です。

細草微風岸
危檣独夜舟
星垂平野闊
月湧大江流
名豈文章著
官応老病休
飄飄何所似
天地一沙鷗

細草《さいそう》 微風《びふう》の岸《きし》
危檣《きしょう》 独夜《どくや》の舟《ふね》
星《ほし》垂《た》れて平野《へいや》闊《ひろ》く
月《つき》湧《わ》いて大江《たいこう》流《なが》る
名《な》は豈《あ》に文章《ぶんしょう》もて著《あら》われんや
官《かん》は応《まさ》に老病《ろうびょう》にて休《や》むべし
飄飄《ひょうひょう》 何《なん》の似《に》たる所《ところ》ぞ
天地の一沙鷗《いちさおう》

貧困と病気に苦しんでいた杜甫は、ぼろぼろの小さい船で一人眠れずにいます。目の前の広い平野に星が低く垂れ、大きな川の浪から月が浮かび上がって、川は流れていきます。この「星垂平野闊、月湧大江流」の二句は壮大な場面として、古くから高い評価を受けています。

そして次の「名豈文章著、官応老病休」では、文章なんかで有名になれるものではなく、官職に就こうにも、老いや病気で休むしかないと、感傷を吐露しています。

このような悲しい境地に陥《おちい》っている杜甫ですが、最後の「飄飄何所似、天地一沙鷗」では、我が身を振り返って、この放浪生活を送っている自分が何に似ているかと自問すれば、果てない天と大地の間の一羽のかもめだと、再び極めて雄大な場面を詠みました。見渡す限りの天と地の空間に何もなく、この私だけがいるのです。

この詩は何度読んでも、私はその雄大な場面、悲壮な人生に涙がこぼれるほど感動します。

「神似」と「空霊」

この「大」と共に、具体的な形に拘《こだわ》らず、「神似《しんじ》」と「空霊《くうれい》」というものを重視することも、中国文学、芸術における顕著な特徴です。

これは外国人にとって、ちょっと理解しにくいかもしれませんが、簡単に説明すれば、「神似」とは、形や外観が似ている「形似《けいじ》」だけでなく、内面も本物に極めてよく似ていることです。「空霊」は変化に富んで捉えがたい、ある種の象徴的な情緒のようなものです。

古くから詩歌の最高の境地と称賛されたのは、「羚羊掛角、無跡可尋」というものです。これは超越した境地、表に出さない表現手法の喩《たと》えです。伝説では羚羊《れいよう》（カモシカ）という動物は夜眠るとき、地面についた角の跡で他の動物に自分のいた場所やこの後の行き先が分からないように、角を木の枝に引っ掛けて寝る、というのです。

要するに、詩や絵を作る際には具体的な形に拘らず、内在的なもの、ある種の象徴的な情緒のようなものをこそ表出することが、極めて優れた表現手法だというわけです。

例えば、美談として伝わってきた「踏花帰来馬蹄香（花を踏んで帰来した馬蹄が香《かぐわ》しい）」の詩句により描かれた最高の絵と称されたのは、馬の姿が見えず、蹄の跡とその上に飛んでいる蜂の姿を描いたものでした。

現代中国画の巨匠と称された斉白石《せいはくせき》（一八六四～一九五七）が描いた有名な水墨画の蝦《えび》は、生き生きと泳いでいるように見えるけれども、川や水がまったく描かれていません。

これを形が似ている「形似」ではなく「神似」と称します。

普通ならば、川や水があってこそ蝦が生き生きと泳いでいるように見えるわけですが、「神似」の場合、川や水に頼らず、蝦が泳いでいる姿そのもの、その表情だけを描き出すのです。

また、山水のみでなく、人物の描写も同様です。有名な白居易《はくきょい》（七七二～八四六）の「長恨歌《ちょうごんか》」においては、唐の美人・楊貴妃に対しても、具体的な描写がほとんどありません。

迴眸一笑百媚生　眸《ひとみ》を迴《めぐ》らして一笑《いっしょう》すれば 百媚生《ひゃくびしょう》じ
六宮粉黛無顔色　六宮《りくきゅう》の粉黛《ふんたい》 顔色《がんしょく》無《な》し

後宮佳麗三千人　後宮《こうきゅう》の佳麗《かれい》三千人《さんぜんにん》
三千寵愛在一身　三千《さんぜん》の寵愛《ちょうあい》 一身《いっしん》に在《あ》り

雲鬢花顔金歩揺　雲鬢《うんびん》 花顔《かがん》 金歩揺《きんほよう》

「長恨歌」は長編叙事詩で、唐の玄宗《げんそう》皇帝（七一二〜七五六在位）と楊貴妃の悲劇的な恋物語を詠んだ作品です。死ぬまで玄宗皇帝を魅了した楊貴妃はどういう美人なのか、その美貌への描写を取りあげようとすれば、右の三つのような一節しかありません。

「迴眸一笑百媚生、六宮粉黛無顔色」という句は、とても生き生きとした表現です。振り向いて微笑んだだけで、そのなまめかしく可愛い姿が、後宮すべての女を負かすのです。しかし、どういうふうに笑ったのか、具体的な描写はまったくありません。

次の一句では、後宮には美しい女性は三千人もいるのに、彼女一人だけが皇帝の寵愛を受けていると詠みます。

三つ目は、彼女の髪が雲のように豊かでふさふさしている、と。「歩揺」はかんざしです。要するに、楊貴妃の顔は花のように美しく、金のかんざしをつけた髪は雲のようだというわけです。

しかし、楊貴妃は、いったいどういう美人であるか、どのような目鼻立ち、どのようなスタイルか、このすべては人々の人生経験や想像力に任せ、各自が心の中でそのイメージを具体化して行く。ですから、詩を読む人によって、それぞれが自分の楊貴妃像、美人像を持つことになります。

また、困ったとき、中国人はよく「天啊（神様よ）」と言うのですが、中国では神様も具体的な姿はありません。この点においては日本と同じです。古代の中国では、国をあげて祭祀を行い、祭祀は国家の存亡に関わる大事とされていました。そのあらゆる祭祀の中、もっとも多いのは祖先祭祀です。前述した中国最初の詩歌集『詩経』においても祖先を祭祀する詩は少なくありません。

しかし、やはり我が祖先の具体像はなく、抽象的なものしかありません。天上と人間界を自由に行き来することができる祖先に対する表現をまとめてみれば、次のようになります。

天帝《てんてい》の如く、大きく、美しく、光り輝いている。

具体的な特徴でなく、大きい、美しい、光り輝くという抽象的なイメージだけなのです。また、ここでは先祖は「天帝の如きもの」だとされていますが、実際「天帝」（「上帝《じょうてい》」とも言う）という、あらゆる神様の中でいちばん偉い神様も具体的な姿がありません。

そこで、王夫之《おうふし》（一六一九～一六九二）は『詩広伝《しこうでん》』において、神様のイメージを理解するには自然界の空のイメージを連想した方が分かりやすいだろうと考案しました。自然界の空について、昔の中国人はこう描いています。

清也、虚也、一也、大也。

自然界の空は清い、幻、一つ、大きいというもの。神様の姿をこの自然界の空に喩えたら、何となくそのイメージが湧いて来るだろうという考え方です。つまり、神様はあの空のように、大きく、無限で至るところに存在し、幻のようなものだということです。

『詩経』は中国文学の原点です。この最初の詩歌集で描かれた玄妙な祖先神像は、古代中国人の美意識がかなり反映されたものと言えます。

先ほど「長恨歌」を引用しましたが、実は中国は叙事文学があまり発達しなかった国です。文学の歴史は長いけれども、古代ギリシャのような叙事詩はありませんでしたし、長編小説の誕生も遅れていて、ヨーロッパ文学のような自然や物事に対する細かい観察や描写もあまりありません。逆に中国人が得意とするのは、自然の景色を借りて個人の感情を表現すること。いわゆる「借景抒情《しゃっけいじょじょう》」です。

しかし、この景色は決して忠実に自然のまま描き出されたものではなく、個人の主観的な情が入り混じっています。なぜかというと、自然を表現するのは目的でなく、それはあくまでも感情を表わす手段なのです。例えば、前述した李白の「早く白帝城を発す」の両岸で鳴いている猿の鳴き声が鳴きやまないうちに、私の小舟はもう重なる山の間を行き過ぎてしまったという表現は現実的な風景ではなく、これで詩人の愉快な心境を豪快に表わしているというところに妙味があるのです。

「大」がもたらすいい加減さ

特に文学・芸術表現における具体的な形に拘らず、あるいは形さえもない「神似」の美意識や、たとえ自然を表現しても、細かい観察や描写より主観的な感情を重んじるといった特徴は、中国らしくユニークですが、日常生活や仕事においてはマイナス面も多いようです。

要するに、細かいことをあまり気にしない、いい加減に陥りやすいということです。いまや中国は「世界の工場」として、いろいろな製品を作っていますが、その品質について不満や批判も少なくありません。

中国に「粗枝大葉」という四字熟語があります。文字通り、太い枝と大きな葉っぱ。「大雑把である」「いい加減である」ということの喩えです。この言葉こそ中国人の性格や仕事ぶりを表現するのにぴったりだと思う日本人も多いかもしれません。

私も、中国留学に行った日本人の友人から、中国人に道を尋ねたら、適当に「あの辺」とか、「前へ」とか、「左だ」とかと、まったく丁寧に教えてもらえなかったという苦情を聞かされました。

これは中国人の私でも痛感します。確かに、道を尋ねてもそのような答えがほとんどなのです。「前へ」って、前のどこまで行けばいいのか？「あの辺」って、いったいどの辺なの？　こう答えられたら仕方なく、少し前に進んで、また他の人に尋ねるしかありません。実は道を教える側もよくこう言います。

「少し進んだら、またその辺の人に聞いてみて」

日本人のように「何番目の信号を左に曲がってください」とか、地図まで描いてくれる人は、なかなかいません。

これは簡単に不親切と片づけることではなく、むしろ文化、習慣という視点から考えたほうがいいことだと思います。

一例をお話ししましょう。去年の夏休み、私は帰省しましたが、ちょうど妹一家が地元から離れた大学に合格した娘を見送ろうとしていたところで、私もいっしょに姪を送りに行きました。

車で出発し、大学近くにいる友人たちが、途中で待ち合わせてくれました。人情をとても重視する中国人のことなので、向こうの友人が町のいいレストランで入学祝いと歓迎会を盛大にやってくれました。

楽しいパーティが終わり、私たちは再び車に乗り、姪の大学に向かおうとします。大学までもう少し距離があるので、友人たちに道を尋ねると、

「ほら、この道路を右へ左へ行けば着くのよ」

と。なんと中国人らしい案内でしょう。結局、途中で道が分からなくなり、何回も聞いたりしました。

あえて言えば、「あの辺」「前へ」といった道の教え方も、中国文学によく現れる、具体的な表現を好まず、「神似」を崇める美意識と一致するものです。中国人はこのような道の教え方を当たり前に思っていて、決して悪いとは思っていません。

親切でサービスがいいという点では、やはり日本が世界でナンバーワンだと思います。欧米のサービスを見ても、けっこう荒いところがあります。中国と同様、例えば、スーパーでは、レジを通した品物をポンポンと投げ出し、日本のように、もう一つの籠に丁寧に並べてはくれません。日本のサービスに慣れた人なら、「乱暴だな」と思うでしょう。

「四人組」が倒された後、一九七八年の年末に始まった鄧小平《とうしょうへい》（一九〇四～一九九七）の改革開放政策に、「摸着石頭過河」という有名な言葉がありました。

「河底の石をさすりながら河を渡る」という表現は、いかにも中国らしいものです。「社会主義の計画経済」から「社会主義の市場経済」への画期的な転向なのに、綿密な計画を立てるより、とりあえずやりながら様子を見てみようという感じです。

明治維新の際に、まず政府首脳や留学生など総勢一〇〇人を超える大使節団が、アメリカやヨーロッパのイギリス、フランスなど諸国を訪問し、長期間にわたり文物視察と調査を行った日本とはまったく異なるやり方ですね。

また、研究者として、中国人と日本人の研究の視点を比較しても、前述した中国人の「大」、そして、「空霊」などの特徴がよく分かります。

日本人研究者の研究は細かく、小さいテーマから着眼する論文が多いのですが、中国人研究者の場合、大きなテーマを選び、巨視的な視点で論述していくものが目立ちます。この違いについては、中国人研究者もよく分かっていて、「日本人研究者の研究は本当に緻密だ」といった称賛もよく耳にします。逆に中国人研究者の研究は「大而空（大きくて中身が少ない）」という傾向は、これもまた中国の伝統的な美意識と関係しているように思えます。

給料一ヵ月分のお祝い

中国人の「大」に対するこだわりは、本当に至るところに存在しています。贈り物をするという言葉は中国語では、「送礼」と言います。中国のインターネットを開くと、「送大礼」という言葉はよく出てくるポピュラーな言葉ですが、これは、決して現代の流行語ではありません。

「大礼」とは、大きな贈り物、価値の大きいもの、値段の高いものという意味合いです。要するに、贈り物をするならば、「大礼」のほうがいいのです。日本のように、「粗品」とか、「気持ちばかり」の、相手の心に負担をかけないような贈り物は、中国では、あまり意味がないと言っても過言ではありません。

「大」を好む中国人にとって、「大」の贈り物こそ、贈る相手に対する誠意と敬意です。もし頼みごとがからめば、なおさら「大」が必要です。「大」の贈り物によって、大きな気持ちが表わされると見なされます。
逆に「小」の贈り物を贈られると、相手に軽く見られ、重視されていないと受けとるといったようなマイナス効果さえもあります。

中国では、親友や親戚の子供が結婚するときにも、そのお祝いとして、けっこうな大金を贈ります。自分の一ヵ月分の給料を差し出すことも珍しくありません。実は私もその中の一人です。一九八〇年代のはじめ、中国人の暮らしはまだそんなに豊かではない頃でしたが、中学校からの大親友から結婚するという知らせが来ました。残念ながら、仕事でその結婚式に参列することはできませんでしたが、私は何の迷いもなく、当たり前のように一ヵ月分の給料をお祝いにしました。

そして、当然一方通行はいけません。古くから「礼尚往来《れいしょうおうらい》」という熟語があり、贈り物をもらったら必ず返礼すべきで、このような考えは詩歌でも詠まれています。『詩経』の「抑《よく》」に、

投我以桃　我《われ》に桃《もも》を以《もっ》て投《とう》ずれば
報之以李　李《すもも》を以《もっ》て之《これ》に報《ほう》ず

という句があります。他人から桃をもらったら、私は李でお返しします。まさに「礼尚往来」の精神を表わしたものです。

また、「来而不往非礼也」という諺もあります。要するに、先方からの贈り物や、手紙、挨拶などには何かの形で応えないと無礼ということです。これについて、『論語《ろんご》』に孔子の面白いエピソードが記録されています。

孔子の故郷の魯《ろ》に陽貨《ようか》という権力を握っている臣がいました。彼は孔子に会いたいと申し込みましたが、孔子はその人が嫌いなので、断わりました。すると、陽貨は孔子に子豚を贈りました。つまり、孔子は礼儀正しい人なので、たとえ自分に会いたくないとしても、贈り物をもらった以上、お礼を言いに来ると陽貨は図っていたのです。迫られた孔子も知恵を働かせ、わざわざ陽貨が家を留守にしたときを狙って、お礼を言いに行くことにしました。孔子は偉大な思想家であり教育家でもありますが、その人間臭いところが、どこか愛らしいと思わせる逸話です。

「大」から「高」への憧れ

「大」の美意識は、物事の「高」への憧れももたらします。杜甫の「望岳《ぼうがく》」詩の中に、

会当凌絶頂　　会《かなら》ず当《まさ》に絶頂《ぜっちょう》を凌《しの》いで
一覧衆山小　　一《ひと》たび衆山《しゅうざん》の小《しょう》なるを覧《み》るべし

という有名な句があります。この「岳」は山東省にある泰山《たいざん》のことです。これは杜甫の若いときの作品で、当時、泰山のふもとで泰山を遠望して詠んだものです。詩では泰山の気迫に満ちた雄大な勢いを描き、最後に「必ずその山に立ち、小さく見える周囲にあるたくさんの山を見たい」と、進取の気性と恐れぬ気概を表わしました。

ここで杜甫は故事を用いています。孟子《もうし》（前三七二頃〜二八九頃）が「尽心《じんしん》」という文章で、かつて孔子が「登泰山而小天下」と言ったと書いています。要するに、孔子は泰山に登って天下を一望に収めることで天下を小さく感じたというのです。杜甫の「衆山小」は孟子のこの「小天下」に拠《よ》るものです。

中国には、「人往高処走、水往低処流」という有名な諺があります。「人は高い所へ行き、水は低い所へ流れる」と。つまり、水が自然に低いところに流れていくと同様、人は高いところを目ざすべきだと。当然、この「高いところ」とは、地理的に高い場所という単純な意味ではありません。人間として、生きて行くには向上心を持って、もっとよいところに行くべきだということです。

ですから、中国人は「高処」であれば、水の流れのように、故郷でも離れ、どんどん流れていくのです。例えば、地方に住んでいる中国人は、もし上海や北京というような大都市に移る機会があれば、誰もが喜んで行きます。たとえ、大都市では住む場所が狭く、通勤に時間がかかっても、行きたがるのです。

また、中国人の親は自分の子供が大学を卒業して、自分のいる小さい町に帰ってくるより、大都市で就職してくれることのほうを喜びます。なぜなら、大都市は地方や小さい町より「高処」であるからです。

この「高処」の発想と並んで、「人挪活、樹挪死」という諺もあります。樹木は移せば死んでしまうけれども、人間は動けば生きていける、というのです。言い換えれば、行き詰まるという状態に陥った場合、ひたすら耐え、受け身に死を待つのではなく、その場所から離れ他のところに移動すれば、助かる可能性が十分あるという考え方です。その上、動くことによって、新局面が開けてくるというニュアンスも含まれています。

郷愁と家族愛

日本人と比べると、中国人は何となく土着心や郷土愛のない国民に見えるかもしれません。では、この「高処」を好み、水のように、どんどん流れていく中国人は、故郷や家に対して、どういう考えを持っているのでしょうか。

毎年旧正月の前に、中国のマスコミは、急いで故郷に戻ろうとする出稼ぎ農民工や、故郷を離れ、よそで働いている人々にインタビューをするのが恒例で、よくこんな質問をします。「家に帰ったら、第一声は何と言いたいですか?」

多くの中国人は、こう答えます。「死ぬほど会いたかった」「死ぬほど恋しく思った」。

日本のテレビでも紹介されることがあるように、旧暦の正月になると、民族大移動のように、大勢の中国人が帰省します。とくに列車はものすごく混むため、なかなか切符を入手できません。多くの人はたとえ指定席がなく、長時間立つことになっても早く家に帰りたいのです。

中国人の郷土意識というと、「老郷見老郷、両眼涙汪汪」という諺があります。

「老郷」とは同郷の意味です。同郷人に会ったら、目に涙をいっぱい浮かべるというのです。なぜでしょうか。もう一つの諺がそれを説明してくれます。

「美不美家郷水、親不親故郷人」

美しくても汚くても故郷の水はよいものだ。親しい人でもそうでない人でも故郷の人は懐かしいものだ。

お分かりのように、故郷の人だから懐かしく思って涙がこぼれるのです。

中国文学において、「思郷《しきょう》（ふるさとを恋しく思う）」、つまり「郷愁」は、もっとも古く、重要なテーマです。日本でよく知られている李白の「静夜思《せいやし》」では、

床前明月光　　床前《しょうぜん》 月光《げっこう》明《あか》るし
疑是地上霜　　疑《うたが》うは是《こ》れ地上《ちじょう》の霜《しも》かと
挙頭望明月　　頭《こうべ》を挙《あ》げて明月《めいげつ》を望《のぞ》み
低頭思故郷　　頭《こうべ》を低《た》れて故郷《こきょう》を思《おも》う

と詠んでいます。国語の教科書に載っているこの詩を知っている日本人も多いでしょう。

同じ唐の詩人・岑参《しんじん》（七一五頃〜七六九）の「京《けい》に入《い》る使《つか》いに逢《あ》う」には、

故園東望路漫漫
双袖龍鐘涙不乾
馬上相逢無紙筆
憑君傳語報平安

故園《こえん》 東《ひがし》に望《のぞ》めば路《みち》漫漫《まんまん》たり
双袖《そうしゅう》 龍鐘《りゅうしょう》として 涙《なみだ》乾《かわ》かず
馬上《ばじょう》相逢《あいお》うて紙筆《しひつ》無《な》し
君《きみ》に憑《よ》って伝語《でんご》して平安《へいあん》を報《ほう》ぜん

とあります。岑参はよその地で故郷の長安へ向かう使者に会いました。自然に故郷の話になります。東にある故郷を眺めやれば、道はどこまでも遠く続いている。懐かしくて詩人は涙をぽろぽろとこぼし、両袖はすっかり濡れてしまいました。

そして、詩の末尾では、私は馬に乗っているから紙も筆も無い。どうか口頭で長安にいる家族に、私の無事を伝えてください、と詠んでいます。

そして、唐の王維《おうい》（六九九頃〜七六一頃）の「九月九日山東《さんとう》の兄弟《けいてい》を憶《おも》う」に次の有名な句もあります。

独在異郷為異客
毎逢佳節倍思親

独《ひと》り異郷《いきょう》に在《あ》って異客《いきゃく》と為《な》り
佳節《かせつ》に逢《あ》う毎《ごと》に倍《ばい》に親《しん》を思《おも》う

旧暦の九月九日は中国の伝統的な祭りの一つ、重陽節《ちょうようせつ》です。古くはこの日になると、家族そろって、あるいは友人を連れて山や高い場所に登り、菊を愛で、そこで食事をしたり、菊花酒を飲んだりしました。

この九月九日に故郷から離れていた王維は、見知らぬ異郷の地で一人ぼっちでした。そこで「佳節が来るごとにますます家族のことが恋しく思われる」という、いつの時代になっても人々の心を打つ名句が生まれました。

中国では、古くから家族の団欒《だんらん》がとても大事にされてきました。伝統的祭日の中で旧暦のお正月はもちろんですが、「中秋節《ちゅうしゅうせつ》」や「元宵節《げんしょうせつ》」なども家族の団欒の機会です。例えば、「中秋節」は、日本でもおなじみの「中秋の名月」です。中国では、旧暦の八月一五日・中秋の名月になると、古くは戸外にテーブルを設け、月見をしながら、お菓子や果物などを食べ、一晩中寝ないで祝ったとされています。

古来、詩人たちがこの中秋の名月に詩を詠み、感動的な作品を多く残してくれました。中でも、宋の大詞人、詩人、散文家である蘇軾《そしょく》（一〇三七～一一〇一）の「水調歌頭《すいちょうかとう》」詞が最高の作品と評されています。

ご存じのように、唐の代表的な文学は詩ですが、次の宋になると、その代表的な文学は詞です。「詞」とは、もともと歌謡の一種、中国における韻文形式の一つで、もとは楽曲に合わせて作られた歌える詩です。蘇軾は中でももっとも著名な詞人です。

その「水調歌頭」に「丙辰《へいしん》の中秋、朝まで歓飲《かんいん》し、大酔《たいすい》してこの篇を作り、兼ねて子由《しゆう》を懐《おも》う」という注があり、詞の背景を説明しています。

中の「子由」は離れている蘇軾の弟の蘇轍《そてつ》（一〇三九～一一一二）を指しています。注からその時代、中秋の名月のにぎやかさが想像できます。蘇軾は朝まで楽しく酒を飲み、すっかり酔っ払ってしまいます。この詞を作って兼ねて弟を恋しく思う感情を吐露しました。詞の最後にこう詠んでいます。

人有悲歡離合
月有陰晴圓缺
此事古難全
但願人長久
千里共嬋娟

人《ひと》に悲歓離合《ひかんりごう》有《あ》り
月《つき》に陰晴円欠《いんせいえんけつ》有《あ》り
此《こ》の事《こと》古《いにしえ》より全《まった》くなり難《がた》し
但《た》だ願《ねが》わくは人長久《ひとちょうきゅう》に
千里《せんり》嬋娟《せんけん》を共《とも》にせんことを

人には悲しみと歓び、出会いと別れがあり、月には曇りと晴れ、満ち欠けがある。古からこれらのことを完全な形に保つのは難しいものだ。ただ人が長く久しきこと（健康で長寿であること）、千里を離れていても、この輝き美しい嬋娟（月の別称）を共に見ることを願うばかりだ。

今の中国でも、中秋の明月に離れた家族や友人に贈る最高の言葉は、やはりこの「但願人長久 千里共嬋娟」です。

この詞を書いたとき、蘇軾は政治的には不遇で、地方に左遷され、弟の子由とは七年も会えず、気持ちが落ち込んでいました。それでも、十五夜に同じ名月を観賞することで、弟への恋しい感情と祝福を寄せたのです。

ご覧のように中国人は「高処」を好むのですが、決して故郷に無情というわけではありません。

習近平が禁じる大ぼら

二〇一三年、政権交代で習近平《しゅうきんぺい》が国家主席として登場しました。習主席は、就任してから腐敗や浪費を厳しく取り締まり、とくに、着実な仕事態度、そして、「不説大話（大ぼらを吹かない）」を提唱しています。

この「説大話」は、中国人の悪しき性格の一つとされてきましたが、これも考えてみれば、お祝いごとに一ヵ月分の給料をつぎ込んでしまうような、中国人の「大」好みの表われと言えます。

ここまで述べてきたように、悠久の歴史の中、中国人は「大」を好み、「大」にこだわってきました。そして「大」が美しいという美意識は、中国人の精神の隅々にまで行きわたっています。

中国人の声が大きいことにも、こうして数千年に亘《わた》る文化的背景があることを、日本人のみなさんに、少しでも分かっていただければと思います。

第二章　なぜ無責任なのか?

「仕方がない」「くよくよしない」

中国を訪ねた日本人観光客やビジネスマンからよく聞く苦情に、「中国人は責任を取ろうとせずに、話をはぐらかす」というものがあります。

例えば、宿泊予約をしたホテルにチェックインしようとしたら、予約条件と違った部屋が用意されていてトラブルになる、ということは、中国に限らず、旅先ではどこでも起こりうる話です。

しかし、こうしたときに、中国のホテルの対応では、押し問答の挙句に、「今さら仕方がない」「文句ばかり言わずにあきらめてくれ」などと言われることがあって、先のような苦情が出てくるようです。

実は、「仕方がない」とか「あきらめる」、あるいは「くよくよしない」というのは、中国人にとって、決して他人にばかりそれを押し付ける考え方ではなく、自分たち自身の生き方に常に持っている大事な価値観です。

これを理解するためのヒントの一つが、「阿《あ》Q《きゅう》精神」と呼ばれる中国人の精神構造です。

この章ではまず、この「阿Q精神」を見ていきたいと思います。

阿Qの「精神勝利法」

日本人の自殺率はとても高く、ここ六年は減少傾向にあるとはいえ、二〇一五年も約二万四〇〇〇人の自殺者が出ました。この数字は世界においても高いほうで、長らく問題視されています。

一方で、中国人は長い間苦難の境地に置かれ、さまざまな政治運動にも苦しめられてきましたが、自殺する人は比較的に少ない。なぜでしょう？　私は、その理由の一つに、中国人の「劣根性《れっこんせい》（悪い根性）」と言われる「阿Q精神」があるのではないか、と考えています。

この劣根性については、一九二〇年代の初め、中国現代文学史上もっとも偉大な思想家、文学者と称される魯迅《ろじん》（一八八一～一九三六）が、小説『阿Q正伝《せいでん》』の中で鋭く批判しています。魯迅は生涯、精力を傾けて中国人の国民性を模索し、その悪い根性を暴露することによって、国民の目覚めを期待していました。

『阿Q正伝』の主人公「阿Q」は、ひどく抑圧され、家も無い流浪の貧しい作男です。ところがこの阿Qは、どんな侮辱や迫害を受けても、「精神勝利法」と呼ばれるもので、これを解決してしまうのです。

現実生活において、阿Qは失敗者の地位にいますが、それを正視せず、みだりに尊大ぶって、自分で自分をごまかしてばかりいます。

例えば、人に罵られ、殴られたとき、阿Qは心の中で「どうせ、息子にやられたことだ」というふうに思って（第一章で触れた、相手を下に見るということです）、精神的には自分が勝ったような気持ちになってしまう。

また、阿Qは貧乏で人々に蔑視されていますが、彼は「俺は以前、お前たちよりずいぶん大金持ちだったんだ」と自慢することで、苦痛を感じなくなってしまいます。さらに妻さえいないのに「俺の息子はきっと大金持ちになるさ」と思うことで、人より自分が貧しいという感覚もなくなってしまうのです。

魯迅のこの小説が世に出て以降、彼が造形した阿Qという人物の「精神勝利法」が、「阿Q精神」と呼ばれるようになりました。

時代を経て、現在中国人の間で使われている「阿Q精神」の内実には多少の変化がありますが、主にはやはり、「自慰（自分で自分を慰める）」、「自酔（自己満足）」、「自欺（自分で自分をごまかす）」というものです。

ここで、さらに注目したいのは、「阿Q精神」における「自酔」は、自己満足の中に妄想、現実では実現できないような夢も含まれていることです。阿Qはよくこう考えています。

「俺は今革命をしていない。まだ成功していないけれど、俺の息子や孫はみな努力している。子々孫々の努力で美しい未来は俺のものだ」

彼はこれらのことを考えるだけで嬉しくなり、小唄を歌って幸せに溺《おぼ》れてしまう。しかし実際は、阿Qは独り身ですから、息子や孫というのはまったくの妄想です。

人生が大変で思った通りに行かないのは世の常です。とくに現代中国の場合、人々の暮らしは政治に翻弄され、例えば、第一章においても少し触れた一〇年も続いた文化大革命は、中国人に人為的な苦難を多く与えました。

一九七八年に、鄧小平の改革開放の方針が議決され、しだいに発展してきました。しあれから三〇年余りの歳月を経て、中国では人々の生活がずいぶん豊かになりました。しかし、社会主義社会から「資本主義よりも資本主義」と言われるまでの急転換で、激しい貧富の差や失業で苦しんでいる中国人も少なくありません。

以前の中国であれば、同期入社同士の給料はだいたい同じ。差があるとしても大したものではありませんでした。今は多くの企業で能力給が重視され、たとえ基本給はほぼ同じでも、ボーナスの額はかなり違ってきます。よって、生活のレベルもずいぶん異なります。

「もともと給料が同じだった同僚や同級生が、今や自分の給料の一〇倍も稼いでいる」

「かつての親友はベンツで通勤しているが、自分はローンでやっと普通の車を購入することができた」

と、周りと比べれば比べるほど「不平等だ」「腹が立つ」と、不満が溢れる。「毛沢東の時代は貧乏だったけれど、みんな同じだった」と、あの時代を懐かしく思う人さえ現れています。

こうした中で、中国人の劣根性とされる「阿Q精神」が今、精神安定剤として一役を果たし、庶民の生きる支えにもなっているのです。

足るを知れば常に楽しい

中国には、

「知足者長楽（足《た》るを知れば常に楽しい）」

「比上不足、比下有余（上に比べれば足らないが、下に比べれば余裕がある）」

といった諺があります。これらは古くから民間で伝わってきて、中国の大地に深く根を下ろし、庶民の生きる支えとなってきた諺です。

近年、中国のインターネットでは、次のような「順口溜」も流れています。

「長官騎馬我騎驢、比上不足比下有余、回頭一望還有推車漢」

「順口溜」とは、民間芸術の一種で長短まちまちですが、リズムがよく話しやすい韻文のようなものです。

これを訳すと、「上の人は馬に乗るが、馬を持っていない私は驢馬《ろば》に乗る。上に比べれば、足りないけれど、下よりずいぶんましだ。後を振り向いたら、驢馬もなく手押し車を押しているんだから」という内容です。要するに、自分よりもっとたいへんな人がいるから、もういいではないか、と満足する。

ある意味でこれはストレスを解消する、柔軟な思考の方法と言ってもよいでしょう。

ここで大事なのは、自分よりもっと下に位置する人と比較することです。もし自分より上の人とだけ比べたら、ストレスは増す一方です。「人比人、気死人」。つまり、自分より上の人と比べたりしたら、死ぬほど腹が立ってしまうのです。この諺も上を見て暮らさず、下を見て暮らせという意味合いです。また、

「人比人得死、貨比貨得扔」

という諺もあります。人間だって上と比べたりしたら死なねばならない。品物だって、よいものと比べたりしたら今手にしているものを捨てなければならない（だから比べるのはやめよう）というのです。

とてもあきらめのよい諺でしょう。これは日本語の「よそはよそ、うちはうち」という言

葉に似ています。

暮らしの中、中国人はこのような「精神勝利法」で、さまざまな困難や危機、あるいは劣等感や悔しいことを乗り越えています。

これは少しでも楽しく生きて行きたい庶民の知恵で、ほかにも多くの例が挙げられます。例えば、中国では、一時日本で流行った「負け犬」になった場合に自分を慰める、

「誰笑到最後、誰笑得最好」

という言葉があります。「いま、君たちが勝ち組として笑っているけれど、それはただ一時的なもので、最後に笑える人間が本当の勝ち組だ（自分がその最後に笑う人になる）」ということです。まさに「負け犬の遠吠え」ですね。

失恋した人はよくこう言います。

「天涯何処無芳草」

「芳草」とは、芳香のある草です。ここではよい男、よい女の喩えです。つまりこの広い世の中に、いい男いい女ならいくらでもいるから、落ち込む必要はないじゃないかということです。

また、うちの祖母がよく口にする古くからの諺もあります。うっかりお碗やグラスなどを割ってしまったとき、

「砕砕平安」

と言います。この「砕」は砕けるですが、発音は「歳」と同じです。「砕砕平安」は、即ち「歳歳平安」となり、毎年無事であるという意味になります。これで不吉を吉に変えるのです。

そして、財布を失くしたり、財産を失った場合には、

「財去人安楽」

という諺があります。お金や財産がなくなったけれども、その代わりに人間は無事で楽しく生きられるという意味です。

このような諺はいずれもそれを口にすることによって、精神的に楽になるものです。

「阿Q精神」は今も活かされている

今、中国は世界第二位の経済大国になりましたが、前述したように、格差社会が生まれています。

そこで最近、積極的に「阿Q精神」を活かして行こうという社会現象も現れています。

「何でそんなに苦しんでいるの？　少し阿Q精神を持ちなさいよ」

「阿Q精神を持てば、いまの抑鬱《よくうつ》感も軽くなるだろう」

と、主張する人もいるのです。

こうした声は中国でタクシーに乗るとよく聞こえてきます。

日本では、タクシーに乗っても天気や地元の名物の話をするくらいで、政治やプライバシーにはあまり触れないのが普通ですが、中国の場合、運転手とお客さんの会話はむしろ後者の話題で盛り上がります。個人タクシー、タクシー会社のタクシーを問わず、その閉ざされた空間で、みんなが本音を発するのです。

収入が低いとか、自分はなんとか住宅を持つことができたけれども、子供が結婚すると住む場所はないとか。その一方、官僚たちがたくさんの住宅を持っていて、不動産がさらに値上がりするのを狙っているとか、出てくるのは不満だらけです。

しかし、その話の最後は、ほとんど「阿Q精神」で締めくくられます。大声で不満を吐いた運転手さんはその話の末に、

「没辦法的事（しょうがないことだね）」

「想得開一点儿（こせこせしないであきらめよう）」

「心態好一点儿（気を楽に持とう）」

あるいは、

「心寛一点儿（くよくよするのはやめよう）」

「活得楽観一点儿（楽観的に生きて行こう）」

といった類の一言を口にするのです。

この「一点儿」は中国語を勉強された方ならば、誰でも知っているように、「少し、ちょっと」という意味合いです。

要するに、頑張って少しでも自分の心持ちをよい方向に向けて、少しでも楽しく生きて行こうという意味が含まれています。

現代の貧富の差が激しく、平等ではない社会は、ある程度の「阿Q精神」がなければ生きられないと、中国人は悟っているようです。

人間の普遍的な精神的弱点

さて、この「阿Q精神」ですが、中国の特産、中華民族固有の劣根性というだけではなく、広く人間の弱さ、本質を表わしているようにも思います。

小説『阿Q正伝』はフランス語やロシア語、日本語、英語、ヒンディ語など二〇ヵ国語以上にも翻訳されていて、

「阿Q精神は人類の普遍的な精神的弱点に対する生き生きとした批評だ」

「阿Qはよく描き出された人間の典型だ」

といったような文学的指摘が、世界に共通してあります。

日本でベストセラーとなった林真理子さんの『野心のすすめ』（講談社現代新書）を、私も拝読しました。

この本の中で、林さんは「『妄想力』が野心のバネになる」とおっしゃっています。この「妄想力」とは、「想像力よりもさらに自分勝手で、自由な力。現実からは途轍もなく飛躍した夢物語を、脳内で展開させてみるのです。秘密の花園でこっそり花を育てるように」というものだそうです。

林さんは、中学時代にいじめられたとき、この妄想力が盾となってくれたと言います。彼女は当時、「いじめる男の子たちは絶対に私のことが好きなんだ、と信じていたから、あの時代を耐えられたのかもしれません」、と振り返っているのです。

また、近年、心理カウンセラーとして活躍されている心屋仁之助さんは、『「心が凹んだとき」に読む本』（三笠書房）の中で妄想力を薦め、「『妄想力』のある人ほどハッピーに生きられる」とおっしゃっています。

彼は、「楽しい想像や、嬉しい未来をイメージして、体と心を、細胞の一つひとつを喜ばせて」、これからやってくる楽しみのことを考えてみるだけでも、体と心が元気になれるし、いつも「機嫌」がよくなる、と熱く述べています。

みなさん、いかがでしょう？　この妄想力は、まさに阿Qの「精神勝利法」そのものではありませんか？

私が初めて日本に来たのは、ちょうどバブルがはじけたばかりの頃でした。大企業の倒産など暗いニュースが流れる中、それでも街や大学のキャンパス、至るところでよく耳にしたのは、「頑張る」「頑張ろう」という言葉でした。

私にとって、それはとても新鮮な響きでした。そして、その後の阪神・淡路大震災や東日本大震災など、大きな天災が起こったときにも、日本人の「頑張る」姿には、とても心を打たれました。

そうして私は、なぜ日本が短期間に戦後の焼け跡から立ち上がれたのか、なぜ日本の技術が進んでいるのか、なぜ日本が今のような経済大国になりえたのか、これらのすべては「頑張った」結果だ、と理解できたのです。

礼儀正しく、勤勉で、真面目に一所懸命に働くという日本人像は、世界に知られています。とくに二〇一一年三月一一日に発生した東日本大震災に際しての、日本人の自制、秩序、我慢強さに世界の人々はさらに頭が下がりました。日本人は素晴らしい民族である、と。

今、成熟期を迎えた日本は、頑張っても頑張っても報われない人が多くなり、生きていくのが苦しく、「もうこれ以上頑張れない」という悲鳴があちらこちらから聞こえるようになっています。「頑張らなくてもいいよ」というメッセージを込めた本や歌がヒットするのもうなずけます。

これもベストセラーとなった『人間にとって成熟とは何か』(幻冬舎新書)で、著者の曽野綾子さんは、

「人間にとって大切な一つの知恵は、諦めることでもあるのだ。諦めがつけば、人の心にはしばしば思いもしなかった平安が訪れる」

と、おっしゃっています。

人生には、さまざまな生き方がありますが、人は誰しも人生の苦境をなんとか乗り切り、できるだけ平穏無事に、幸せに生きたいと願うものです。これは、日本人も中国人もどんな国の人々も変わりがありません。

けれども、人生はなかなか思ったとおりに行かないものです。そう考えるとき私は、表に現れる言動の違いや、相手のマイナスなところにばかり目を向けるのでなく、心根の相通ずる部分を互いに理解し合えたら、と思うのです。

暇で呑気な中国人

娘がまだ子供だったころ、私たち一家は一時期、東京の下町、隅田川の畔《ほとり》に建てられたマンションに住んでいたことがあります。ときどき遊覧船が行き交う川面の両岸は、きれいに整備されていて、格好の憩《いこ》いの場でしたが、意外に人出が少ないのをいつも不思議な気持ちで眺めていたことを覚えています。

もったいないなあ、ここが中国だったら、子供連れの家族やカップル、お年寄りできっと賑やかだろうなあ、と思っていたのです。

私の故郷のハルビンには松花江という有名な川があり、夏の暑い日になると、川岸は納涼の人々でいっぱいになりました。

中国人は賑やかなところが好きです。年を取っても家に引きこもることは普通しません。朝、まだ真っ暗なうちから朝市に出かけるお年寄りも大勢います。健康維持と安い買い物、一石二鳥の日課です。

そして、人々が公園に集まっては、知らない者同士、よく来る者同士、みんなで太極拳をしたり、名前さえついていないような健康体操をしている光景は、中国に行ったことがなくても、テレビの映像などでご覧になったことがあるでしょう。

街角や横町で、日がな道端に座って世間話をしたり、道往く人を眺めるお年寄り、そして、鳥かごを持っているお爺さんたちが互いに自慢の鳥を見せ合い、鳥の鳴き声を楽しむ姿も中国ではごく当たり前に目にします。

夜になると、寝巻きのような服を着て外でゆっくり散歩したり、店先をぶらぶらしたりする人々も多く見られます。

「中国人は暇そうだなあ」「呑気なもんだなあ」と、年金の給付年齢引き上げもあり、定年後の再雇用制度の拡充が進みつつある日本人からは、こんな声が聞こえてきそうです。

確かに、年配で暇な中国人は多いです。日本と比べて、中国人の定年は早く、労働者の女性は五〇歳で、男性は五五歳、国家公務員や教師の場合、女性が五五歳、男性が六〇歳です(最近になって大学の女性教授は六〇歳までになりました)。

いかに生き、いかに老いるかということについて、中国人は、古くからさまざまな知恵を携えてきました。

死んで花実が咲くものか

「好死不如頼活着」

この諺は、中国人の生きる哲学を示している、と言えるでしょう。そのまま訳せば、安らかに死ぬより、苦痛や飢餓に耐えても厚かましく生きていた方がよいという意味合いです。これは日本の「死んで花実が咲くものか」という言い方と似ていますが、中国語の表現はさらに赤裸々です。

このような諺は、消極的で図々しいと思われるかもしれませんが、実は命さえ守れば、いつかまたチャンスに恵まれるという思いが潜んでいます。もう一つの諺がこのことを物語っています。

「留着青山在、不愁没柴焼（青い山がある限り、薪《まき》には事欠かない）」

これは日本語の「命あっての物種」ですね。要するに、命を残し、またの機会を待つのです。

司馬遷《しばせん》（前一四五頃～前八七頃）は、多くの日本人にとってなじみの深い名前でしょう。司馬遷は前漢の史官で、著名な歴史家です。彼の『史記《しき》』は中国歴史上、もっとも優れた史書と評価されています。

しかし、彼の人生には想像を絶する屈辱的な一面がありました。彼は皇帝である漢の武帝の怒りを買ったことで、「宮刑《きゅうけい》（去勢）」を受けさせられたのです。

古代の中国では「宮刑」は、男にとって最大の屈辱で、それを受けるのなら生より死を選ぶのが当たり前と言ってもいいほどのものです。

けれど、司馬遷は生きることを選びました。なぜでしょうか。彼は同僚に宛てた「報任少卿書」という手紙の中でその心境を詳細に述べています。

司馬遷は「宮刑」を受けた後、元の史官の「太史令《たいしれい》」から「中書令《ちゅうしょれい》」になりました。職務から言えば、宮廷に出入りし、頻繁に皇帝と接する宮廷の機密を扱う仕事ですが、この「中書令」は、去勢された人が任命されるので、この肩書だけでも屈辱です。

中書令になり、あまり積極的に仕事をしていない司馬遷に任少卿《じんしょうけい》という同僚は、今の地位をきちんと活かして、朝廷に賢人、有能の人を推薦すべきではないか、と文句を言いました。そこで司馬遷は彼に手紙を寄せました。この手紙には、

「行莫醜於辱先、詬莫大於宮刑」

と書かれています。「もっとも醜い行いは何よりも自分の先祖を辱《はずかし》めること、一番大きな恥は何と言っても宮刑を受けることだ」。「宮刑」を受けた司馬遷は、やはり平気で生きているわけではありませんでした。

司馬遷は、この恥を思うたびに、背中から汗が出て服がすっかり濡れそぼってしまうほどで、自分のような醜い刑に処された人間は、賢人や有能な人を推薦する資格はありませんというのです。では、どうして恥を忍んで生を選んだのでしょうか。司馬遷はこう書いていま

す。

「自分は宇宙から人生、自然から社会や政治までを究明し、そして、古今の歴史を記録して、一家の説を立てようと思ってきたが、不幸にして災いに遭遇した。しかし、この歴史書を未完のままで、死んでしまうことはできない。だから極刑を受けても自分の良心をごまかして、恥ずかしく生きる道を選んだのだ」

司馬遷は歴史書『史記』を完成させたく、恥を忍んで生き続けたのです。彼の『史記』に対して、文豪の魯迅は「史家の絶唱」と賛美の言葉を尽くして高く評価しました。


中国人の命や信念に対する執着は、古代の神話においても鮮明に表われています。鯀《こん》と禹《う》の父子二代で洪水を治める物語は、そのよい例の一つでしょう。

大昔、洪水が起こり、鯀は天帝の命令を受けぬまま、こっそり天帝の「息壌（自ら絶えずに繁殖していく土壌）」を盗んで洪水を塞《ふさ》ごうとしました。しかし、これに怒った天帝は、祝融《しゅくゆう》という神を派遣して鯀を殺してしまいました。

ところが、殺された鯀は三年経っても遺体が腐らず、やがてお腹から自分の後継者、息子の禹を産んだのです。禹は父の遺志を受け継いで、命をかけてついに洪水を治めました。

この神話は、中国人が簡単に命を捨てないこと、生命は決して簡単には消えないという思いを表わしています。

来世より現世を大事に

中国人に特有の死生観は、春秋戦国時代（前七七〇～前二二一）に形成されました。ご存じのように、儒教と道教は中国で生まれました。どちらも「生」「命」を重んじ、来世より現世を大事にする思想です。

時は数千年も過ぎましたが、この死生観は今なお受け継がれています。

儒教の創始者・孔子の弟子たちによって、師弟の言動が記録された『論語』には、弟子の子路《しろ》（前五四三［前五四二］～前四八〇）が孔子に「死は如何なることか」と尋ねたときの問答が記されています。そのとき、孔子の答えはこうでした。

「未知生、焉知死（未《いま》だ生《せい》を知《し》らず、焉《いずく》んぞ死《し》を知《し》らん）」

「生」の道理さえもまだ分からないのに、どうして「死」が分かるのか。大事なのは「生」であり、「死」のことなど知らなくてもいいのだ、と。来世より現世を大事にすべきだという考え方です。

一方、老子《ろうし》や荘子《そうし》の思想から発展した道教は、「生」「現世」を重んずるのみではなく、さらに積極的に養生、長生きの方法を探っています。

「貴生」「楽生」の伝統思想

「貴生《きせい》」とは、即ち「生」を大事にすることです。「楽生《らくせい》」とは、どんな環境に置かれても楽観的な態度を変えず人生を楽しむことです。

「孔顔楽処《こうがんらくしょ》」という言葉があります。この「孔」は孔子を指し、「顔」は孔子の弟子・顔回《がんかい》（前五二一〜前四九〇）を指しています。「楽処」とは、楽しくいられるということです。

後世、儒学の巨匠たちは、この「孔顔楽処」を、修行を積んだ最高の境地と見なしました。その「楽処」ぶりは、『論語』に記されています。少し見てみましょう。

お腹が空いたら粗末な食べ物を食べて、喉が渇いたら水を飲み、眠くなったら腕枕をして寝る。楽しみはその中にある。不義の手段で得た富と貴い地位など、私にとっては浮き雲のように無縁なものだと、孔子は言います。

孔子は、弟子を育てながら、このように名誉や利権に無欲で、極めて素朴な生活をしていたのです。

その孔子が自慢の弟子である顔回を称えます。なぜなら、狭くてぼろぼろの所に住み、竹で編んだ器の一杯のご飯、ひょうたんを縦に割って作った柄杓《ひしゃく》の一杯の汁、普通の人なら、その貧苦に耐えられないのに、顔回にとって、その「楽」は変わることがなかったからです。

孔子や顔回にとって、「楽」というのは、物質を享受することではなく、精神的な充足にあります。ですから、これこそが最高の境地と見なされたのです。

『論語』では、孔子は自身の「自画像」をこう描いています。

「その人は、発憤して勉強や研究をし、夢中になって食事も忘れ、学問、修養を楽しんで憂いも忘れてしまう。毎日楽しくやっているので年を取ることにまったく気が付かない」

孔子が日々の生活の中で、いろいろな楽しみを見出していることは、『論語』の中で、日本でもっともよく知られている名句に表われています。

「学而時習之、不亦説乎。有朋自遠方来、不亦楽乎」

学んでときにそれを繰り返して復習し、それが身についていく。これはなんと嬉しいことではなかろうか。遠方から友人が来てくれて、いっしょに学問などを切磋琢磨《せっさたくま》することができる、これもまた楽しいことではないか。

とても楽観的な生き方です。

中国式の達観「塞翁が馬」

「塞翁《さいおう》が馬《うま》」という諺は、日本でも広く知られています。

「塞翁失馬、焉知禍福（塞翁が馬を失くし、それが災いか福か、知らない）」

これは紀元前二世紀、前漢の時代に成立した『淮南子《えなんじ》』に記された、国境のとりでに住んでいたある老人の飼っていた馬が逃げたことによって、もたらされた一連の災いと福の物語です。

ある日、飼っていた馬がいなくなって、周りの人々から慰めの言葉をかけられた老人は「どうしてこれが幸いになると思わないのか」、と言います。

しばらくして、その馬が北方の駿馬を率いて戻ってきました。周りの人々はみな老人にお祝いを言いに来ました。ところが、老人は今度は「なぜこれが災いになると思わないのか」、と言いました。

すると、喜んで駿馬に乗った老人の息子が馬から落ちて足を折ってしまう。人々はまた老人を慰めに来ました。しかし、彼はまた「どうしてこれが福になると思わないのか」、と言うのです。

一年後、北方の異民族が襲来し、健康な男はみな戦場に送られ、九割の人が帰らぬ人になりました。このとき、その息子は足が不自由だったため、徴兵を免れ、命が助かりました。

言うまでもなく、この物語は人生の幸と不幸は絶えず入れ替わるもので、災いは福に、福は災いに転じる可能性がいずれもあることを表わしています。

これは道教の老子の思想につながっています。『老子』に、

「禍兮福之所倚、福兮禍之所伏（禍《わざわい》は福《ふく》の倚《よ》る所《ところ》、福《ふく》は禍《わざわい》の伏《ふ》す所《ところ》）」

という弁証法的な言葉があります。要するに、福と災いは互いに依存し、また互いに転化することもあると言っているのです。

『老子』よりさらに古い、中国人の思想の源と言われる『易経《えききょう》』にも、有名な四字熟語があります。

「否極泰来（否極《ひきわ》まれば泰来《たいきた》る）」

悪運がその極みに達すれば、幸運がめぐって来るということです。

先人のこれらの教えは数千年が経っても、中国人の心に深く根づいていると言えます。ですから、少しの不運や、些細《ささい》なことに一喜一憂《いっきいちゆう》する必要はない、と今でも多くの中国人が考えているのです。

次の諺も中国では、知らない人はおそらくいないでしょう。

「勝敗乃兵家常事」

勝敗は兵家の常なので、失敗したって、そんなに重く考える必要はないという意味です。

中国のインターネットには、これをタイトルにした小学生や中学生の作文が多く載ってい

ます。子供たちにこれほど重みのある題で作文をさせるのも、いかにも中国らしいと言えるでしょう。

　でも、小さいときからこのような思考をさせ、失敗を恐れない精神を育成することは、とても大事なことなのです。

　人生に行き詰まり、もう活路はないかなあというとき、中国には生きて行く精神の支えになる諺がいくつもあります。例えば、

「天無絶人之路（天［神様］は人の道を絶つことをしない）」
「車到山前必有路（車が山の前まで行けば、道は必ず開けてくる）」
「絶路逢生（生きる道がない時に助かる）」

　あとの二つは日本の「窮すれば通ず」「地獄で仏」に相当するものですね。これらの諺をよく中国人は口にします。庶民にとっては、絶望したときの救いなのです。

　宋の時代、詩人・陸游《りくゆう》（一一二五〜一二一〇）の「遊山西村《ゆうさんせいそん》」に、

　山重水複疑無路　　山重水複《さんちょうすいふく》　路《みち》無《な》きかと疑《うたが》えば
　柳暗花明又一村　　柳暗花明《りゅうあんかめい》　又《ま》た一村《いっそん》

という有名な句もあります。目の前に山や川だらけでもう道がないかなあと絶望していたところ、突然新しい風景——緑の木や華やかな花がいっぱいのまた一つの村が現れた、と優雅に詠んでいます。陸游が詩の中に描いてくれたこの境地を思うと、生きて行く勇気と楽しさが湧いてきませんか。

才知を子孫に残す

中国には古くから、次のような面白い諺もあります。

「十分聡明使七分、留下三分給児孫」

「聡明」とは知恵や才能で、「児孫」は息子と孫、即ち子孫ということです。人に十の才知があるとしたら、その七割だけを使い、あとの三割は子孫に残す。要は自分の才知を全部使い果たしてはいけないということです。

諺では、その理由をこう説きます。もし自分の才知を百パーセント使い尽くしたら、自分の子孫がだめになるか、または災難が遠くは子孫に、近くは自分自身に及ぶからだというのです。

これも典型的な中国人の生きる哲学です。この諺はもともと『増広賢文《ぞうこうけんぶん》』(または『昔時《せきじ》いろいろな諺を集めた本です。

その内容は、礼儀、道徳、人間関係などさまざまですが、主には人生哲学、世渡りの経験談で、古くは児童啓蒙書として扱われていたものです。

このような考え方が、日本で古くからとても人気を呼んだ中国の古典『菜根譚《さいこんたん》』という本にたっぷり出ています。

この本は日本でも一九世紀の初め頃に刊行され、僧侶をはじめ、田中角栄、五島慶太などの政治家や、実業家にも愛読されてきたそうです。

『菜根譚』は、明の時代、洪自誠《こうじせい》（一五七二頃〜一六二〇頃）によって書かれた、修養、人生、処世などについての随筆集です。中ではこう言っています。

「欹器以満覆（欹器《いき》は満《み》つるを以《もっ》て覆《くつが》える）」

この「欹器」は、古代の水を入れる容器ですが、とてもユニークなものです。水が入っていない空のときは傾き、逆に水がいっぱいになると倒れてしまう。ほどよく水を入れると、まっすぐ立つのです。

この器について、戦国時代、荀子《じゅんし》（前三一三〜前二三八頃）の「宥坐篇《ゆうざへん》」に、こんなくだりがあります。

孔子が魯の君主である桓公《かんこう》を祭る廟《びょう》（祖先や神様などを祭るところ）を見学し、中には欹器が供えられていました。孔子が廟の守衛に「これは何の器かね？」と訊ねると、「〝宥坐之器《ゆうざのき》〟でございます」と。この「宥坐之器」は、即ち欹器です。身近に置いて、自らの戒《いまし》めとする器です。いわゆる座右の銘のような器です。

要するに、君主として何かをやろうとするとき、そばに置かれている欹器を見て、極端に走らないように自分自身を戒めるのです。

欹器のように、水がいっぱい入れば覆るのと同様、何事でもほどよくするのが肝心なのです。

先述の、才知の七割しか使わないというのは、この「欹器以満覆」と同じ道理です。そんなに一所懸命じゃなくても、ほどほどくらいが、むしろいいということになります。

また、『菜根譚』では、こうはっきり言っています。

「能事不宜尽畢、尽畢則衰（能事《のうじ》は宜《よろ》しく尽《ことごと》く畢《お》うべからず、尽《ことごと》く畢《お》うれば則《すなわ》ち衰《おとろ》う）」

要するに、持っている才能や能力は、全部出し切らない方がよい。すべて出し切ると、衰えてしまうのです。

中国では、あまりにも頑張りすぎる人に、こう声をかけます。

「最近、ずいぶん痩せたじゃないか。お前、頑張りすぎだよ。ほら、俗に〝十分聡明使七分、留下三分給児孫〟というじゃないか」

そしてときには、自分自身にもこう言うのです。

「ああ、疲れた。もうこれ以上やらない。子孫に残さなくちゃね」

こうして、中国人の伝統的な人生哲学では、決して自分を追いつめるというようなことをしません。余裕を持って自分の能力の七割を使ったら、もう十分ということなのです。

たとえ、進取の気性、出世を提唱する儒教であっても、もし出世できなかったとしても、落ち込む必要はないとする考え方があります。

例えば、私がもっとも好きなこんな言葉があります。

「達《たっ》すれば則《すなわ》ち兼《か》ねて天下《てんか》を済《すく》う、窮《きゅう》すれば則《すなわ》ち独《ひと》り其《そ》の身《み》を善《よ》くす」

これは、もともと孟子の言葉から来たものです。出世できれば、天下を救うといったような大きなこともするが、出世できず、不遇になったとしても、ただ自分自身の人生を善く生きればいいのだ、という意味です。

年を取ってからの伴侶

現在の中国では、お年寄りはその配偶者が亡くなると、再婚するのが一般的です。理由はとても簡単で、助け合って生きて行くためです。中国では、これを「老来伴《ろうらいばん》（年を取ってからの伴侶《はんりょ》）」と言います。

つまり、いっしょに家事をしたり、散歩に行ったり、話し相手になってもらったり、互いに「薬を飲んだのか？」「お水、いる？」というふうに、健康に注意を払ったりする晩年の伴侶です。

中国には「養児防老」という古い言葉があります。要するに、子供を育て自分の老後に備えるのです。「一人っ子政策」は二〇一六年から廃止されましたが、実施されてからすでに三〇年以上も経っていました。一九八〇年代以降生まれの若い夫婦は、両家の親四人、その上、長生きの祖父母の面倒も見なければならないのが現状です。

言うまでもなく、子供が親孝行をしたくても、なかなか面倒を見きれません。ましてや、中国の女性はほとんど仕事をしているので、日本の専業主婦のように、ずっと付き添っての看病には無理があります。「老来伴」を得ることは、こうした社会背景からも、大事な選択と言えるでしょう。

日本では今、お年寄りの孤独死が社会問題になっています。一人で生まれ一人で逝くというのは当たり前ではないかという言い方もよく耳にしますが、これはあまりにも寂しすぎると思います。

もし中国人のように、晩年を共に生きていく伴侶を積極的に求め、あるいは受け入れることをしたら、たとえ贅沢な暮らしができなくても、ただいっしょに食事をし、いっしょにテレビを見、いっしょに散歩するだけでも、こうした悲しいニュースが少なくなるのではないでしょうか。

中国にいる私のある友人の家では、友人の母親が亡くなって独り身になった父親と、友人の弟の義理の母親で、やはり夫に先立たれた女性とが、いっしょに暮らすことになりました。父親はもう九〇代ですが、新しい伴侶と助け合って、楽しく暮らしているそうです。

これで友人夫婦もその弟夫婦も、老いた親が孤独にならずに済んでとても安心したという話を聞いて、私もとても素敵なことだなあと思いました。

少子高齢化は、決して日本だけの問題ではありません。一人っ子政策を進めてきた中国も、今後ますますこのことが深刻化するでしょう。

いかにして家族みんなが、長く幸せに生きていけるのかについて、日本人も中国人も、お互いに知恵を交換し合うべき時代が来ているのではないか、と思います。

第三章　なぜ食べきれないほど料理を注文するのか？

面子にこだわる中国人

中国人が飲食店で、食べきれない量の料理を注文することについては、よく指摘されます。特に日本人の「もったいない」という価値観からすれば、これはたしかに浪費以外のなにものでもありません。たくさんの食べ残しは、料理をした人、食材を育てたり獲ったりした人に失礼だということにもなるでしょう。

ならばせめて残ったものを持ち帰って家で食べたらどうか。アメリカでは、レストランにはたいてい「ドギーバッグ」という紙箱が用意されていて、「犬の餌にするから」という建前のもと、食べ残しを持ち帰る習慣が根付いているようです。

しかし、中国人はこの残りものを持ち帰るということに、かなりの抵抗感があります。

実はたくさんの料理を注文するのも、そして残ったものを持ち帰らない、持ち帰れないのも、中国人が特有の「面子《メンツ》」にこだわるゆえなのです。

これはビジネスの会合で公費で支払うときに限らず、友人や親戚同士が集まって食事会をしたり、誕生日のお祝いをしたりして自腹で支払うときも同様です。

「面子を立てる」とか「面子を潰す」、即ち「顔を立てる」とか「顔を潰す」という言い方は、日本でも使われますが、中国人の「面子」に対するこだわりは、日本人よりはるかに強いものがあり、日常の人間関係はもちろん、ビジネスの場においても、たいへん重要視されます。

この章では、友達付き合いから国の外交まで、中国人のメンタリティを理解するのに不可欠な「面子」について、お話ししましょう。

中国も「恥の文化」

かつてアメリカの文化人類学者、ルース・ベネディクト（一八八七〜一九四八）が日本文化について、有名な『菊と刀』（一九四六）を著しました。

彼女はその中で、アメリカやヨーロッパが帰属する西欧文化と日本文化を対比させ、キリスト教文明圏に特有の「人間は生まれながらに罪深い」という「罪」の意識が行動規範になることを、自律的な「罪の文化」とし、儒教文化の日本の「他人からどう見られるか」という外面的な「恥」（世間体）の意識が行動規範になることを「恥の文化」と呼びました。

松本一男氏は『中国人と日本人』（サイマル出版会）において、このベネディクトの論を活かして「罪の文化」と「名の文化」（恥の文化を含む）という考えを提示しています。

彼は『孟子』の「名を好《この》む人《ひと》は、能《よ》く千乗《せんじょう》の国《くに》を譲《ゆず》る」を挙げ、名声を重んじる人間は、自分の名誉を守るために、たとえ千輛の戦車を出せるほどの大きな国を人に譲っても惜しまないという考え方から、中国は「名の文化」と考えてよいのではないかと論じています。

「恥」というにせよ「名」というにせよ、その精神性は、実は孔子以来の儒教思想に端を発するものではありません。古い民謡にもその萌芽は見えます。紀元前の詩集『詩経』に収められた民謡「相鼠《しょうそ》」では、次のように歌っています。

相鼠有歯　鼠《ねずみ》を相《み》るに歯《し》有《あ》り
人而無止　人《ひと》にして止《し》無《な》し
人而無止　人《ひと》にして止《し》無《な》くんば
不死何俟　死《し》せずして何《なに》をか俟《ま》たんや

この「相鼠」は、全部で三章ありますが、これは中の第二章です。中国の民謡には、古くから比喩や繰り返しの手法を用いるという特徴があります。これによって、生き生きとした表現ができ、言いたいことを深くはっきり詠み出すことができます。

詩の冒頭から、人々に嫌われる鼠で歌い出します。

「ほら、あの鼠さえ歯があるというのに、人として恥を知らない。そのような人は、死なずに何を待っているというのか？」

この「無止」は「無耻」です。古代では、「止」と「耻＝恥」は同じでした。

そして、他の一章と三章では、次のように歌っています。

「ほら、あの鼠さえ体を包む皮があるというのに、人として正しい行いがない。そのような人は、死なずに何をするというのか？」

「ほら、あの鼠さえ体があるというのに、人として礼儀を知らない。そのような人は、どうしてさっさと死なずにいられるのか？」

ご覧のように、痛烈な皮肉です。礼儀や恥を知らない人間は鼠にも及ばない、死んだ方がましだということです。

孔子は、私塾において教科書として、『詩経』を弟子に教えていました。孔子や孟子などの思想家には、いずれも「恥」に対する論述があります。孔子は、

「行己有恥（己《おのれ》を行《おこな》うに恥《はじ》あり）」（『論語・子路』）

と唱えます。つまり、自分の行いには恥を知るべきです。

そして、孟子はさらに厳しく述べます。

「無羞悪之心、非人也（羞悪《しゅうお》の心《こころ》無《な》きは人《ひと》に非《あら》ざるなり）」（『孟子・公孫丑《こうそんちゅう》』）

羞恥心のない人は人ではないというのです。

この「恥」の文化は、数千年が経っても現代中国人の心に深く根を下ろしています。人を罵る言葉では、「無恥《むち》」「厚顔無恥《こうがんむち》」（口語的表現だと「不要臉《ブゥイアオレン》」とも言う）というのは、もっとも痛烈な表現の一つです。

この「恥」の文化に直接関係しているのが、「臉（顔）」です。中国では、例えば、今でも次のような諺が広く使われています。

「人活一張臉、樹活一張皮」

人間が生きられるのは顔であり、樹木が生きられるのは皮である。要するに、木は皮がなくなったら、生きられないのと同様、人間にとっては、生きるのに一番大切なのは臉（顔）だと。この顔が即ち「面子」です。

「面子」とは何か？

最初に、中国人の「面子」に注目したのは、一九世紀、アメリカ人のキリスト教宣教師A・H・スミス（一八四五～一九三二）でした。彼は長年中国で生活した経験から『中国人の素質』を書き、「面子」を中国人の特性を理解する鍵と見なしました。

その後、魯迅が「説〝面子〟」などの文章で中国人の「面子」問題を探求し、面子は「中国精神の綱領」だと指摘します。

確かに、「面子」は中国社会の至るところに存在し、官僚から庶民までいずれも「面子」から逃れることはできません。「面子」は中国人の日常生活や人間関係を築く中でなくてはならない概念です。

さて、「面子」とは、いったいどういう意味でしょうか。「面子」一語は、もともと「顔」の意味があります。唐の小説『遊仙窟《ゆうせんくつ》』に「輝輝面子」といった表現があり、女性の「輝いている顔」を表わしたものです。

それから、人間関係に用いる「面子」は、主に体面、面目、光栄、よしみといった意味合いがあります。『旧唐書《くとうじょ》』などに見られます。

これまで「面子」文化については、多くの研究がありました。よく言われているのは、次のような定義です。

「面子は一種の声望、尊厳、価値、あるいは社会的地位であり、それは他人に認められる自我イメージでもある」

面子のさまざま

中国では「面子」に関する言葉が非常に多く、かつ複雑です。ここで会話や場面を設定して、なるべく分かりやすく説明していきたいと思います。

1 「有面子」——面子がある

中国のインターネットを開くと、「どんな携帯を使ったら面子がある?」「どんな車を持つと面子がある?」「今年、どんな贈り物をしたら、もっとも面子があるか知ってる?」といったような書き込みが多くあります。この「有面子」は、単純に「格好いい」「価値がある」といった意味です。また、次のような例も「有面子」です。

①
A 「困ったなあ。息子がもうすぐ大学を卒業するのに就職先がなかなか見つからなくて」
B 「王さんはとても面子のある(顔が広い)人だ。この前、李《り》さんの娘にも仕事を紹介してたよ」
A 「なるほど! さっそく王さんに頼んでみよう」

②
C 「趙《ちょう》さんの娘さんがアメリカのハーバード大学に合格したって」
D 「すごい! 趙さんは本当に面子がある(鼻が高い)ね」

2「没面子」「丢面子」——面子がない、面子が潰れる、面子を失う

この類の言い回しもたいへん多く、ほかに「失面子（面子を失う）」や「傷面子（面子を潰す）」などもあります。

中国には、「男はどんなものを失ってもよいが、唯一失ってはいけないのが面子だ」という言い方があります。面白いのは、小学生の作文にも、「没面子的一件事（ある面子がなかった出来事）」、「那時候、我真没面子（あのとき、僕は本当に面子がなかった）」といったタイトルを見かけることです。いかにも中国らしい。小学生にも面子があるんだと、思わず笑ってしまいます。

さて、注意すべきはこんな例です。

あるオフィスでの朝礼。日本人の鈴木課長は、みんなの前で中国人社員の張《ちょう》君を叱責しました。鈴木課長としては愛の鞭《むち》であり、他の人たちにも注意喚起するというつもりだったかもしれませんが、張君は自分の面子が大いに失われた、と恥ずかしく悔しい気持ちでいっぱいです。

後で述べますが、中国では、人前で叱られて面子を失うことに、日本人が想像する以上の屈辱があることを覚えておいてください。

3「争面子」――面子を争う、面目を施す

みんなの前で鈴木課長に叱られ、面子を失くした張君は、その面子を挽回するため、その場で大きな声で自分の業績を強調し、なぜ怒られたのかと鈴木課長に反発しました。

こうした中国人の態度も、面子へのこだわりを理解しないと、「中国人は自分の非を認めずに自己主張ばかりする」と、とらえられてしまうことでしょう。

また、こんな「争面子」もあります。

「妻はどうすれば、自分の夫に〝争面子〟(面目を施すこと)ができるのか？」

「史上もっとも中国サッカーに〝争面子〟(栄光をもたらす)試合を観よう！」

4「愛面子」「要面子」――面子にこだわる

中国では、「死要面子、活受罪」という俗語があります。要するに、死ぬほど面子にこだわった結果、苦しみを受ける、ひどい目に遭うということです。

A「ねえ、劉《りゅう》さんの結婚祝い、いくら出した？」

B「今月分の給料」

A「えっ!?　今月どうやって食べていくの？」

B「仕方がないだろう。みんなが多く出しているから」

第一章でも触れたように、中国では一ヵ月分の給料をそっくりそのままお祝いに出してしまうのは、決して珍しいことではありません。そのために、お金のない一ヵ月の生活が苦しく、カップ麵で耐える人さえいます。これはまさに「死要面子、活受罪」です。

5「給面子」「看面子」――顔を立てる

交通管理課・李課長の課長室を劉さんが訪ねてきました。

李「おう、劉さん、しばらくだな。元気？」

劉「元気だけど、実は息子が交通事故を起こして免許を取り上げられてね」

李「大丈夫。私が部下に電話をしてあげるから、息子さんに取りに行かせなさい」

劉「ありがとうございます。私にできることがあれば、何でもおっしゃってください」

6「不給面子」「駁面子」――顔を潰す

間もなく張さんも李課長の課長室を訪ねてきました。

張「李課長、助けてください。交通事故で息子が免許を取り上げられたんだ」

李「いやぁ、最近、上の方が厳しくなってってね」

張「私に免じて、なんとか返してもらえないかね」
李「助けてあげたいけど、できないな」

右の5と6、頼まれたことは同じですが、明らかに5の方は李課長は劉さんに「給面子」で、彼の面子を立てました。6の場合は「不給面子」で張さんの面子を潰したことになります。

李課長がこうしてまったく異なる対応をしたのは、相手とどれほど親しい関係かというのが決め手です。

7「留面子」——（相手の）面子を潰さないように、面子を保つ

さて、先の朝礼の一件です。中国では、みんなの前で人を叱らず、むしろ誰もいないところで叱ります。どうしてもその場で叱らなければならないときは、なるべく相手の面子を潰さないようにします。これが「留面子」です。

「打人莫打臉、罵人莫罵短」

人を殴るには、顔を殴らず、人を罵るには、その人の短所を言わない。右の諺はまさに面子文化の表われです。要するに、顔を殴ったら、跡が残り、「あら、あの人、叩かれたんだ」と、その人の面子を損ねることになります。同様に、人の短所を口にしたら、本人の面子を潰してしまう。

　ですから、実際中国の会社では、先の朝礼のように、みんなの前で相手の面子を潰すようなことはあまりしません。普通は朝礼が終わってから、課長が張君を自分の部屋に呼んで叱ります。そこでなら多少厳しい言葉を使っても、恨まれないでしょう。

　それでもなお、中国式の叱り方として、やはり相手の面子を考慮しなければなりません。

例えば、こんな感じです。

　朝礼が終わり、鈴木課長は張君に声をかけました。

鈴木「張君、ちょっと僕の部屋へ」

張「何かご用ですか？」

鈴木「赤ちゃん、もうすぐ生まれるって？　張君もいよいよパパになるのか」

張「はい、とても楽しみで」

　と、いろいろプライベートな雑談を交わしてから、鈴木課長は張君に切り出します。

鈴木「ところで、張君、最近君の業績はあまりよくないね。僕が君に期待していること

　は、知っているだろう？」

張「課長のお引き立ては忘れていません。今後の僕の〝実際行動〟を見てください」

ここで、鈴木課長は張君の面子をたっぷり保ってあげています。また、プライベートから話を切り出すことで、親しい関係が示され、張君は嬉しい気持ちの中で叱責を受けとめることができたはずです。

最後に張君が言う「実際行動」というのは、一所懸命に仕事をするということです。

今日本では、どうしても個人情報とか、パワーハラスメント、セクシャルハラスメントといった気遣いから、プライベートを話題にすることを避けがちですが、中国人と親しくなりたいならば、仕事や天気の話より、やはりプライベートな話から展開した方が効果的です。例えば、「ご郷里は？」「ご家族は？」「結婚されていますか？」。また、男同士の場合、自分の煙草を出して相手に勧め、いっしょに吸うことによって親しみが湧いて来るのです。

中国にこのような俗語があります。

「煙酒不分家（煙草と酒は家を分けず）」

要するに、煙草と酒は他人と分け隔てなくみんなで楽しむものだ、という意味合いです。みなさんの中にも、とくに男性であれば、中国に行ったときに、知り合ったばかりの中国人から、自分のこの煙草を吸ってくれ、と盛んに勧められたという経験のある方がいるでしょう。

中国では、煙草を出して、周りに勧めず自分だけ吸うのは、「格好悪い」ことで、「けちなやつ」と軽蔑されることなのです。今の中国では、健康ブームもあって、以前ほどではありませんが、それでもやはり煙草を吸う人の間では、互いに自分の煙草を勧めあうことが当たり前です。

8「礙面子」――（相手の）面子を慮る、情にほだされる

王さんと李さんは、同じ会社で仲がよく、古い付き合いです。ある日、製品検査を担当する王さんは、李さんが作った部品の中に欠陥品があったことに気付きましたが、「礙面子」して、指摘せず黙って処理してあげました。

次のような場合もあります。

趙社長は課長たちを集め会議を開いています。来年度の業務計画を発表した後、趙社長は「みんなの意見を聞かせてくれ」、と言いましたが、課長らは互いに顔を見合わせ、誰も口火を切ろうとしません。計画に異議があっても、社長の面子を慮《おもんぱか》って反対意見を言えないのです。

この様子を見て、趙社長は「〝礙面子〟せずに、正直な考えを言ってくれ」と、声をかけました。要するに情実を排して意見を出してほしいということです。

本来、中国語は日本語と比べると、Ｙｅｓ、Ｎｏをはっきり、ずばり言うところがありま

すが、人間関係においては、よくも悪くも儒教の「中庸《ちゅうよう》の道」がかなり残っています。

9 「還面子」——面子を返す

李課長に事故を起こした息子が世話になった劉さんは、三ヵ月後、ゴルフの招待券を持って、また李課長を訪ねました。

劉「李課長、うかがいましたよ、ご夫婦ともゴルフが好きだって」
李「そうなんだ。家内はとくにはまっているよ」
劉「ちょうどよかった。うちの会社がお得意様をゴルフに招待するので、ぜひ奥さまとご一緒に。これは招待券です」
李「そうか。家内もきっと喜ぶよ。ありがたくいただくよ」

右の会話では、劉さんはこの前、李課長に助けられたことに対して、お礼を言いませんでしたが、これは忘れたというわけではなく、もちろん覚えていて、だからこそ、今回はその面子を返しに来たのです。

この再びお礼を言わないのが、中国流。この点が、日本とはずいぶん異なります。日本人はよくこう言います。

「中国人は恩義を知らないよ。この前あれほど助けてあげたのに、今日会ったら何もなかったように感謝の言葉一つもないんだから」

実は、これはまさに中国らしいやり方なのです。右のように、劉さんは李課長の恩を決して忘れてはいず、でもすぐにはお返しをしません。また日本のように、会うたびに、「先日は、どうもありがとうございました」「このあいだは、ご招待を頂いて、本当にありがとうございました」というふうにお礼を言う習慣もありません。心の中で覚えていて、劉さんのようにゴルフ招待券を手に入れることができなければ、相手に冠婚葬祭があった際、あるいは自分が何かお手伝いできるとき、必ず恩返しをするのです。

10「借面子」——面子を借りる

面子というものは、借りることも可能です。

就職活動をしている胡《こ》さんの娘さんは来週、大手A社の面接を受けることになっています。とても競争の激しいポストなので、面接に合格するように、胡さんは古い友人で、ある会社の人事課長の林《りん》さんを訪ねました。

林「おう、胡さんじゃないか。今日はどういう風の吹きまわし？」

胡「実はお願いがあって来た」

林「なんでしょう」

胡「娘の佳佳《ジャジャ》が来週、A社の面接を受けるんです。あなたはあちらの人事課長と親しいでしょう」
林「へえ、あの佳佳ちゃんが社会人になるのか。楽しみだね」
胡「だけど、競争がすごく激しいらしくて」
林「分かった。向こうの人事課長に電話をしてあげますよ」
胡「さすが僕の親友だ。ありがとう」

胡さんはA社には知り合いがないため、こうして古くからの友人の「面子を借りて」、娘の面接がうまくいくよう取り計らってもらいました。

以上は面子のさまざまですが、他にまた、「買面子（面子を買う）」、「売面子（面子を売る）」、「贈面子（面子を贈る）」といった表現もあります。

命より面子

司馬遷の『史記・項羽本紀《こううほんぎ》』に記録された項羽（前二三二～前二〇二）は、秦《しん》の都・咸陽《かんよう》を滅ぼした後、この地で王になったら、と勧められました。しかし、これに対する項羽の答えは、典型的な中国人の面子観によるものでした。

「富貴（財産も地位もあること）になって、故郷に帰らないとなれば、それはまるで錦の服を着て夜中に出かけるようなものだ。その栄光は誰が知るというのか？」

要するに、成功者として故郷に錦を飾らなければ意味がないのです。出世して、あるいは科挙に合格して、故郷に帰って錦を飾るという考えが、「衣錦還郷（錦の服を着て故郷に帰る）」という四字熟語になっています。

さて、項羽はその後、垓下《がいか》で劉邦《りゅうほう》に敗れたとき、「江東《こうとう》の王」になることを勧められました。烏江《うこう》の亭長《ていちょう》（宿場の長官）が渡し場に船を用意し項羽を待っていて、こう言ったのです。

「江東は小さいけれど、土地は千里あり、人口は数十万もあるので、そこの王になってください。今、この川にはこの船しかありません。漢の軍隊が来ても船はなく川を渡れませんから、早く私の船にお乗り下さい」

しかし、項羽はその船に乗らず、自害したのです。なぜか？ これも「面子」に関わっているからです。項羽は、自分が江東の若者八〇〇〇人を率いて西に出征して、今は生きて帰った者は一人もいないのに、たとえその親兄弟が自分を王にしてくれるとしても、「私は何の面目があって彼らに会えるだろうか？ たとえ彼らが何も言わなくても、私は内心に恥じるまいか？」と答えました。

後世「無顔見江東父老（江東の父老に合わせる顔がない）」という熟語もでき、現代中国語として、よく使われています。失敗し、面子を失った項羽にとっては、面子は命より大切だからと、自ら「死」を選んだのです。

中国では、項羽を敗軍の英雄として扱ってきました。後世、彼を賛美する詩文が多くあります。とくに有名なのは、李清照《りせいしょう》（一〇八四〜一一五一頃）の「夏日絶句《かじつぜっく》」です。こんな詩句があります。

至今思項羽　今《いま》に至《いた》るも　項羽《こうう》を思《おも》うに
不肯過江東　江東《こうとう》に過《わ》たるを肯《がえん》ぜざるを

李清照は、宋の時代の著名な女流詩人です。詩では、いまだに人々が項羽のことを偲ぶのは、彼がたとえ死んでも江東へ逃げることをよしとしなかったからだ、と項羽を高く評価しています。

一方で、項羽を撃破し、漢の開国皇帝になった劉邦は、ある遠征から凱旋する途中、故郷の沛県《はいけん》に立ち寄り、昔の友人や親兄弟を集め、数日にわたって宴を催し、有名な「大風歌《たいふうか》」を詠みました。

大風起兮雲飛揚　　大風起《たいふうお》こって雲飛揚《くもひよう》す
威加海内兮帰故郷　　威海内《いかいだい》に加《くわ》りて故郷《こきょう》に帰《かえ》る
安得猛士兮守四方　　如何《いか》にして猛士《もうし》を得《え》て四方《しほう》を守《まも》るか

この詩の「威加海内兮帰故郷」は、まさに故郷に錦を飾ったという自負と誇りを表わしているものです。

この「衣錦還郷」の意識は、現代中国社会においても深く残っています。一九八〇年代から、中国人も次第にアメリカや日本、オーストラリアなどに留学することができるようになりました。

当時、家に海外留学、あるいは海外就職する息子や娘がいるだけでも、その親にとって、「有面子」です。そして、その子が帰省するのは、まさに「錦の服を着て故郷に帰る」ということです。

ところが、異文化の影響を受けた我が子が「錦」の服ではなく、Tシャツやジーパン姿で帰ってきました。その親にとっては、とても「没面子」です。

「洋服を買ってあげるから、そんな貧乏くさい格好をしないで！」

といった笑い話のようなことがよくありました。

礼をするなら全員に

中国には、「寧欠一輪、不欠一人」という諺があります。「全員を漏らすことがあっても大丈夫だが、一人だけ漏らすことは絶対しない」というのです。これも面子文化の表現です。この点、外国人は中国人と付き合うとき、とくに注意を払わないと余計なトラブルの元になります。

例えば、プレゼントについてです。その場にいる誰にもあげなくても、とくに問題ありません。しかし、もしみんなにあげたつもりで、その中の一人だけにあげなかった場合、ものすごく恨まれます。もちろん、これはその人の面子を失わせてしまったからです。

また、外国人が中国の農村で何かの調査をしたときなど、よく聞かれる話です。協力してくれた現地の人々にお礼をしたいと言って、数人分しか用意していないからと代表者だけに贈ると、他の協力者の面子を損ねることになって反感を買ってしまうのです。

とくに辺鄙《へんぴ》なところでは、村中が親戚同士や同姓同士であることが多いので、村の中の人間関係の不和、トラブルになる恐れもあります。協力者の人数分ではないお礼なら、受け取ることができないと拒否された事例も聞いたことがあります。

もちろん国にも面子がある

中日合作のテレビドラマ『大地の子』を見た方は、次のような場面を覚えているでしょう。

主人公の陸一心《りくいっしん》は日本を訪問しようとしたとき、洋服もネクタイもなくて友人から借りました。当時、生活が貧しく普通の中国人はまだ洋服を持っていない時代でした。後に外国との交流が頻繁になるにつれて、公の仕事で初めて外国に行く場合、国から「置装費《ちそうひ》」をもらえるようになりました。

「置装費」とは、洋服やスーツケースなどを購入するための補助金です。一九八〇年代の末、私の夫が仕事で外国に行くことになったときにも、私たち夫婦は百貨店に行き、この「置装費」でちょっと高価な洋服を購入しました。

一着で当時、大学の教員であった私の給料二ヵ月分もしましたが、それでも特別高級という服ではありませんでした。しかし、私たち夫婦にとっては贅沢でした。当時の光景はいまでも鮮明に覚えています。

本来ならば、当時の私たち夫婦も、普通の洋服を持てない、普通のスーツケースを買えないというわけではありません。では、なぜ国がわざわざ補助金を出してくれるかと言えば、やはり国の面子に関わっていることだからです。

もし、みんなが安っぽい洋服で外国に行くと、国の面子を損ね「丢面子」となり、つまり、国が恥をかいてしまうのです。

食べ物の浪費と光盤族の出現

前にもお話ししたように、中国人の食べ物に対する浪費も面子のためです。食べ切れないのに、自分のおもてなしの「真心」を示すために、多くの料理を注文します。食べ終わったら、持ち帰りを一切せず大手を振って立ち去る人が、面子があると見なされています。中国では、これを「瀟洒《ショサ》」というのです。

この言葉の意味合いは、なかなか日本語で伝えきれないのですが、だいたい「さっぱりとしている」「格好いい」といったようなニュアンスです。

一方、中国国内でもこうした浪費の風潮をいいとは思っていない人も多く出てきていて、食べきれない料理は注文せず、出された料理は全部食べようという動きがあって、近年「光《こう》盤《ばん》行動」「光盤族」という言葉が生まれています。

「光盤」とは、光るお皿。つまりはきれいに食べ終えたお皿のことです。「～族」という言い方は、中国改革開放以来の新しい表現です。例えば、「月光族」、毎月の給料を残さず全部使ってしまう人です。この「光盤族」は、即ち浪費せず、注文した料理を全部食べる人という意味です。

そして、習近平国家主席は就任以来、地方を視察する際、高級乗用車を使用せず、みんなと一緒にマイクロバスに乗ります。食事も贅沢なものが禁止されています。

とくに「老虎（虎）、蒼蠅（ハエ）をいっしょに叩く」という不正や腐敗を厳罰に処する方策も出しました。「老虎」は、中央や各省の大きな権力を握る者、「蒼蠅」は地方のさまざまな官僚を指しています。

官僚たちが国のお金を浪費する、長年の「大手大脚（金や物を派手に浪費するさま）」の悪習を是正するには、やはりこうした厳しい措置が必要なのです。

というわけで、中国人の面子に関わるありようも、少しずつ変化はしてきています。

みなさん、今後、中国人に煙草を勧められたり、中国人と飲食を共にする機会があるとき、あるいはまた、日中間の外交上の駆け引きのニュースを目にするときにも、ぜひこの「面子」というメンタリティのことを思い出してみてください。

第四章　なぜ謝らないのか？

日本独特の「すみません」

第一章でも紹介した台湾の作家・柏楊さんは、中国人が「死んでも謝らない」ことも批判しています。

また、田島英一先生は著書『「中国人」という生き方』(集英社新書)で、「口の悪いある私の同僚」の言葉を取り上げ、初級の中国語で「対不起(ごめんなさい)」なんてことばを教える必要はない。「どうせ死語なんだから」、と書いています。

確かに、中国人は簡単に謝る言葉を口にしません。これはすぐ「謝る」日本人からすれば、理解に苦しむところでしょう。

よく感謝することと同様、よく謝ることも日本文化の特徴の一つです。人に声をかけるときにもまず「すみません」と言う。例えば、道を尋ねるとき、タクシーを利用するとき、店で買い物するとき、レストランで料理を注文するとき……。

本来ならば、日本では運転手や店、レストラン側にとって、利用する側のお客様は神様という立場なのに、どうして「すみません」と言う必要があるのか。これは中国人からすれば、逆に理解に苦しむところとなります。

以前、私が日本に来たばかりの頃に住んでいた家の近所に、道で会うといつも決まって、

「すみません」と挨拶なさるおばあちゃんがいました。

最初は「えっ!?　どうして謝るのかなあ」とびっくりして、とても不思議でしたが、しばらくして、「あ、あれは『こんにちは』の代わりなんだ」と分かりました。

このように、本来謝罪の言葉である「すみません」が、人に声をかけるときや、ちょっとした挨拶の第一声にもなっている日本人にとって、中国人に限らず諸外国の人々が、何かあってもなかなか謝らないことは、大きなカルチャーギャップの一つでしょう。

フランスのパリで長年暮らしていた女優の中山美穂さんは『なぜならやさしいまちがあったから』（集英社）という本で、こう書いています。

「こちらの人はなんでもかんでも簡単には謝りません」

「とにかく謝れ！　と言う人や、平謝りする人を見たことがありません」

何か間違いを犯してしまったときに真っ先に「すみません」と謝る日本人とそうでないフランス人との相違を、彼女は身をもって実感されたのでしょう。

中山さんはフランスでは、「なぜそうしたのか、そうなったのか？」とまず問われて、そして、「その理由や自分の考えをきちんと述べて『理解した』と相手に言わせたこと＝『ごめんなさい』になるのでしょう」、と述懐しています。

まかり通る不可抗力

日本では、仕事の上で取引先やお客様との間に何かトラブルが生じた場合、直ちに謝るという対応をします。口だけでなく、「お詫びのしるし」として、何か品物をもって相手先に出向くこともよくあります。私も日本に来てからそうした経験を何度かしました。

数年前の話ですが、ある大手スーパーで腕時計の電池を交換してもらったのですが、出来上がった時計の裏を見ると、大きな傷が付いていることに気づきました。

それはロータリー奨学生として博士号を取得したとき、ロータリークラブから頂いた腕時計で、時計の裏に記念となる言葉が刻まれているものでしたので、私はどうしてくれるのという怒りより、泣きたくなるような思いでした。

担当の女性の店員さんとその上司の方が連れ立って謝りに家を訪ねてきたのは、そのわずか数日後のことです。お詫びとして、その店の名入りタオルを持ってこられたことを覚えています。

また、私が利用していたある日本の銀行が私の頼んだ手続きを間違ってしまったことがありました。その銀行の課長さんがわざわざ家まで謝りに来て、手続きをやり直してくれました。

私も忙しくて、本来ならば家に来てほしくはなかったので、「もういいです」と、一度お断りしたのですが、結局、その課長さんの「熱意」に負け、そうすることになりました。

一方、中国の場合はどうでしょう。これも数年前、四川省の成都《せいと》で開かれた国際学会に行ったときのことです。学会が終わって私は、ホテルの中にある旅行社に手配を頼み、何人かの学者や、その家族といっしょに四川省の北に位置する世界自然遺産の九寨溝《きゅうさいこう》へ旅行に行きました。

私は個人的に成都の近くにある有名な峨眉山《がびさん》にも行きたかったので、親しくなった同じ旅行社に頼みました。

九寨溝から帰り、市内にあるホテルまで送ってもらうと、その旅行社の女性添乗員は、翌日の朝の八時に峨眉山へ行く車がこのホテルまで迎えに来てくれると約束して帰って行きました。

しかし、翌朝九時になっても、迎えの車は来ず、私は旅行社に電話をかけました。聞くところによれば、女性添乗員が担当者に伝えることを忘れたばかりか、きちんと申し込みすでに代金も支払った私の名前が載っていた旅行客名簿を、誰も確認しなかったようです。

「担当者を呼んで来て」

と、私はものすごく腹を立てましたが、

「バスは既に出発したので、もう仕方がない」

と言うのです。

押し問答を続けましたが、「すみません」という言葉は相手の口から出てきません。

私はとうとう電話でこう言いました。

「このようなミスを起こしたら、まず謝るべきでしょう。私は市政府の招請で開かれた国際会議の参加者ですから、きちんと対応してくれないならば、市政府に電話をします」

もはや半分説教、半分脅迫です。ここまで言って、やっと「対不起」と謝ってもらったのです。

こうしたことは中国では、決して珍しくありません。とくに仕事上のトラブルにおいては、なおさらです。要するに、「故意にやったわけではない」という理屈がまかり通っているのです。


日本の電車の定刻運行は常々世界の人々に称えられ、人身事故や何かの故障で遅れた場合には、それがたとえ数分でも、「電車が遅れまして、誠に申し訳ございません」といったお詫びのアナウンスが必ず流れます。

これが中国だと、とくに「人身事故」や「悪天候」などによる遅れは、鉄道会社にはまったく責任がなく、つまり「謝る」必要はないと思われています。

鉄道会社もそうですから、乗客だって同じことです。日本人なら、たとえ自分のせいではなく、電車の遅れで遅刻した場合でも、会社や相手先に着くと、やはり「遅くなって、すみませんでした」という言葉を口にします。

しかし、中国人には、このような意識はありません。なぜなら、いつも通りの時間に、あるいは間に合うはずの時間にちゃんと出発したのだから、謝る必要がない。それどころか、着いたとたんに、正義の味方のように、こんな文句を連発する人さえいます。

「朝からついていない。ずいぶん駅で待たされたよ」

「あそこはだめだね。今日もまたトラブルを起こした」

日本では、家族や友人の間でも、謝る言葉をよく口にしますね。これは日本に来て間もない頃のことですが、今でもはっきり記憶に残っています。

日本人の友人が小学校四年生の娘にケースの中に納まった可愛いおもちゃを見せてごらんなさいと言ったのですが、その子はうまくケースを開けられません。お母さんが思わず「不器用ね」と言うと、その子は「じゃ、お母さんやって」、と不機嫌になりました。すると、お母さんがすぐに「ごめんね」と謝りました。

そばに居合わせた当時の私は、さすが日本人だなあ、とちょっとカルチャーショックを受けました。

中国の場合、家族や親しい友人の間では、「すみません」をあまり言いませんし、まして や親が子供に「ごめん」という言葉を口にすることは、本当にめったにありません。それは やはり親は親で、たとえ間違っても子に謝る必要はないという考えがあるからです。

中国だったら、娘は黙って聞くか、あるいは「不器用だもん」と言い返して終わりです。

身内へのお礼は他人行儀?

実は、中国人は家族や親友の間では、一般的に「謝謝《シェシェ》(ありがとう)」といった感謝の言葉もあまり使いません。家族、兄弟、親友の間で、互いにお土産やプレゼントをあげたり、もらったりする場合でもそうです。

要するに、家族だから、兄弟だから、親友だから、他人行儀に「お礼を言う必要はない」のです。もちろん、黙って受け取るというわけではありません。

「買わなくてもいいのに」「高そうね。私にはもったいないわ」「美味しそう」「とてもきれいね」といったような言葉が「謝謝」の代わりになります。

「親しき仲ではお礼は不要」が中国人の流儀とは言え、長年日本に住んで日本式の礼儀作法にずいぶん慣れた私からすると、時々違和感を覚えることもあります。

久しぶりに帰国するときには、日本でお土産を買って帰り、兄弟や、親友などにあげますが、やはり「ありがとう」と言われることはほとんどなく、何だか物足りないなあ、と嘆くしかありません。

でも、その一方で、よく考えてみれば、例えば、姉妹の間では、私もあまり「ありがとう」を口にしていないことに気づきます。

私が日本に戻るときには、妹夫婦は決まって中国の特産品などを出して、

「姉さん、これ、持っていかない？」

と勧めてくれます。私はだいたいこう言います。

「いいよ、いいよ。あなたたちで使って（食べて）」

すると、妹が、

「うちはまだあるから、姉さん、持っていきなよ」

と。

「そう。じゃ、いただこうかしら」

というふうに、私はほとんど「ありがとう」を言わずにもらってきます。

なぜ言わないかと聞かれれば、姉妹なのにお礼を言ったらやはり他人行儀になるからとしか言いようがありません。

昔の中国では、「男尊女卑」思想の広がりによって女性の地位が低く、自分の夫を今のように名前で呼ぶことができず「夫君」「郎君」「官人」「老爺」といったような丁寧語や尊敬語で呼んでいました。

しかし、中には、互いに深い愛情があれば、そんな他人行儀でいなくてもいい、と男の立場から詠まれた詩もあります。唐の「古文運動」のリーダーで有名な詩人・韓愈《かんゆ》（七六八〜八二四）は、次のように詠みます。

昵昵児女語　　昵昵《じつじつ》児女《じじょ》の語《ご》
恩怨相爾汝　　恩怨《おんえん》して相《たがい》に爾汝《なんじ》を
（「穎師《えいし》琴《こと》を弾《ひ》くを聴《ちょう》す」）

詩のタイトルにある「穎師」は、インドから唐に来た「穎」という有名な和尚で、古琴がとても上手なので「穎師」と称された人です。この詩は韓愈が穎師の琴を聴いてその感動を詠んだものです。

右の二句は、その音楽のうるわしさは、まるで深く愛し合っている男女が互いにむつまじくその恋い慕う思いを交わしているようだ、と生き生きと描いています。

「爾汝」は、親しい間柄での称呼で「お前」という意味です。夫婦は仲むつまじいからこそ、他人行儀に丁寧語や敬語を使わず、互いに「お前」と呼び合っているのです。

もっとも、日本もこの点は変わりませんね。これはテレビを見ていたときのことです。ある男性タレントが、トーク番組でこんなことを打ち明けていました。

「この前、奥さんと喧嘩したら、その後、ずっと敬語を使われてて、とても困ってるんですよ（笑）」

喧嘩したから乱暴な口をきくのでなく、あえて敬語を使って、他人行儀にするというのが怖いやらおかしいやら。これはやはり、夫婦は仲がよければ他人行儀はいらないという考え方があるからですね。

謝ることへの抵抗感

中国人はなかなか謝る言葉を口にしないのですが、もちろん謝る言葉がないというわけではありません。その表現は主に二つに分けられます。

A「請罪（罪をわびる）」
「謝罪（謝罪する）」
「賠罪（謝罪する）」

B「不好意思（すまない、恥ずかしい）」
「対不起（すみません）」
「請原諒（お許しください）」
「抱歉（申しわけなく思う）」
「道歉（お詫びを言う）」

Aグループは、古くから用いられてきた言葉で、「謝罪」は日本語にもなっています。しかし、中国ではこれらの言葉は、かなり硬くて古い表現になっていて、Bグループの方が、一般的によく使われています。

この中でも、もっとも使用頻度の高いのが「不好意思」。あるアンケート調査によれば、「謝るならば」として、約八割の中国人がこの言葉を選んだそうです。とくに若い年齢層の使用率が非常に高く、これに対して、正式な場合や、丁重に謝るのならば、「抱歉」や「対不起」を使うべきだという意見も出されていました。

「不好意思」は、口語的で軽い言い方であり、謝る他に「ありがとう」の代わりにも使われています。例えば、

「お待たせして、不好意思」

「こんな高級バッグを頂いて、不好意思」

現代中国人が、好んでこの言葉を使うのは、やはりどこかに謝る、あるいは感謝する言葉に抵抗があるからとも言えます。

中国流の謝り方

日本では、立場や教養と関係なく、謝罪の言葉が画一化されている印象を受けます。

「誠に申し訳ございませんでした」

と言って、深々と頭を下げるのは、さまざまな場面で、あるいは不祥事の「謝罪会見」のニュースなどでも、よく見かける光景です。

しかし、中国では、どういうふうに謝ったらよいかが、謝る人の性格や教養、立場によって異なり、多種多様です。

中国には、「負荊請罪《ふけいせいざい》（イバラの杖を背負って処罰を請う）」という有名な四字熟語があり

ます。戦国時代、趙の国の廉頗《れんぱ》という将軍は、赫々《かっかく》たる戦功を立て、「上卿《しょうけい》（中国古代における上位の公卿）」という高い位につきました。

かたや、藺相如《りんしょうじょ》という人も、外交で趙の国や王の尊厳を守ったため、上卿に昇格し、しかも、順位は廉頗の上となりました。

廉頗は、戦功もないくせに、ただ言葉が達者なだけで順位が俺の上になったなんて、と藺相如の昇格が我慢なりません。周りに、

「奴に会ったら、必ず侮辱してやる」

と、言いふらしました。これを耳にした藺相如は、廉頗と会うことを避け、朝に開かれる王に政務を奏上《そうじょう》する例会もよく病気を装って、彼の上に立たないようにしました。

藺相如の近侍《きんじ》たちは、その態度が理解できず、

「同じ上卿なのに、どうして彼を怖がるのか。もう見てはいられないから仕事を辞めさせてください」

と言い出します。すると、藺相如はこう言いました。

「秦王を厳しく非難し（外交的な）勝利を勝ち取った私が、廉頗を怖れるはずはないだろう。秦の国が、我が趙を攻撃することができないのは、私と廉頗将軍の両方がいるからだ。だから、個人の怨讐《おんしゅう》より、まず国の利益を考えなければいけないのだ」

この話を聞いた廉頗は、上半身裸になり、イバラの杖を背負って藺相如に謝罪をしに行きました。彼は藺相如に、

「野卑《やひ》な俺はあなたの寛大な心を存じ上げませんでした」

と謝ったのです。

これが「負荊請罪」という熟語の出典です。心から過ちを認めた謝罪であることは、誰の目にも明らかです。藺相如は廉頗を許し、二人は「刎頸之《ふんけいの》交《まじわり》（生死を共にするほどの親友）」になり、中国歴史上の美談となりました。

この物語は、司馬遷の『史記』に記されています。右のように廉頗の藺相如への詫びには、「申し訳ございませんでした」といったようなニュアンスの言葉が、いっさい使われていません。ただ自分を貶《けな》し、相手を褒め、その広い心を知らなかった、と理由を述べただけです。

司馬遷が記したこの歴史的な謝罪の名残は、現代中国においても、ちゃんと残っています。例えば、中国のインターネットでは、

「友人に謝りたいのですが、いい謝り方を教えてほしい」

という類の書き込みを目にします。そして、そこに返されたアドバイスを読むと、それこそ中国人らしさがよく見てとれます。例えば、こんな回答があります。

A「我是一個笨蛋、但是請相信我、我並不是故意的。能原諒我嗎?」

B「我知道錯了、你大人有大量、原諒我好嗎?」

Aを訳すと、

「僕が馬鹿でした。でも僕を信じてほしい。決してわざとやったわけではありません。許してもらえませんか?」

となります。

前掲の田島英一先生の著書においても、この「我不是故意的」が、よく耳にするせりふだとして取り上げられています。田島先生は、

「他人に迷惑をかけておいて、『だって、こっちもわざとやったわけじゃないもの。』」

というのがいかにも中国らしいと指摘しています。確かに、多くの日本人はこれでは謝っていないと思うでしょう。

そして、Bを訳すと、

「僕が間違っていたと分かりました。あなたは立派で度量も大きいので、許しては頂けませんか?」

となります。A、Bどちらも現代社会に生きる普通の中国人の謝り方をよく表わしています。その特徴として、

ア　「笨蛋（馬鹿）」で、自分を貶す
イ　「大人有大量（立派なあなたは心が広い）」で、相手の機嫌を取る
ウ　「不是故意的（わざとやったのではない）」で、釈明する（理由を述べる）
エ　「我知道錯了（自分が間違った）」とはっきり認める
オ　「原諒我（許してください）」で、相手の許しを求める

この論法を廉頗の謝罪と比べてみれば、

a　自分を貶す
b　相手を褒め、釈明する
c　「すみません」「申し訳ございません」といった謝る言葉を使わない（現代人の二例では、「お許しください」を用いたが、あくまでも直接謝る言葉ではない）

といった共通点が見いだせます。

紀元前の「負荊請罪」から、現代のインターネットのアドバイスの書き込みまで、中国人が直接謝る言葉を用いて詫びるのを好まないことが、分かっていただけるでしょうか。

自分を殴って謝る

中国人の「謝り方」を、もう少しまとめて見てみましょう。

まずは釈明です。例えば、約束の時間に遅れた場合、日本人であれば、

「遅くなって、すみませんでした」

と、まず謝りますね。中国人の場合は、

「バスがなかなか来なくて、遅くなりました」

と、外的な理由を述べます。

また、直接的な謝罪の言葉より、むしろこちら側の過失によってもたらした損失などを取り返す具体的な方法、あるいは処罰を提案するというのも一般的です。

例えば、レストランで明らかに客である自分の過失で高級グラスを落とし割ってしまった場合、ひたすら謝るより、

「いくらしますか？　弁償します」

と、提案したりします。

ただし、本当に自分の責任で自分の間違いを認めなければならなくなったときには、日本のような「ご迷惑をおかけしました」といった曖昧な表現でなく、むしろはっきり自分の誤りを認めるのです。例えば、

「都是我的錯、請原諒（すべては私の過失です。お許しください）」

「対不起、是我不好（すみませんでした。私が悪かった）」

というふうに、あっさり詫びるのも実は中国流なのです。

そして、これは日本も同じかもしれませんが、今後このようなことは二度としないと誓います。

「永不酒駕（永遠に酒気帯び運転をしません）」

日本の「二度としない」という一般的な表現より、もっと強く「永遠」という言葉を用いて、その固い決心を表わしています。

では、現代中国には古代の廉頗のように、自分の体に傷をつけたりするような謝り方はないでしょうか。

実は今でも、平手で自分の頰を打つ（打耳光）という方法があります。本当にそんな人がいるの？　と思われるかもしれませんが、前にも申し上げたように、中国では「感謝」や、とくに「謝罪」について、画一的な言い方、方法がないので、性格や教養などによって個性的なやり方も多いのです。

江蘇省南京市に汚染をもたらした企業の社長ら数人が、謝罪として自分を殴っている写真をインターネットに載せたという実例もあります。

日本では、二〇一三年、人気アイドルグループＡＫＢ48のメンバーだった峯岸みなみさんがルールをやぶって恋愛したことが露見し、頭を坊主刈りにした姿の動画をサイトにアップしたことが、一時大きな反響を呼んでいました。

各マスコミも、これはパフォーマンスか、心からのお詫びかとか、こうした旧来の日本式の謝り方を若い女性がすることが果たしてよいことなのかなど、いろいろな見方で報道されたようです。

「何で!?　さっぱり分からない」

と、在日欧米人には、こうした反応が多かったようですが、アジア人、とくに中国人である私は、自分の体に傷をつけてお詫びする行為は、痛いほどよく分かりました。しかし同時に、あまりにも可哀そうで見ていられない気持ちでいっぱいでした。なぜならそれは、文化大革命中の「剃鬼頭」の悲しい光景を思い出させたからです。

文化大革命では、批判された地主や資本家、走資派（資本主義の道を歩む実権派）、知識人などが、無理やりに頭を坊主に剃られ、あるいは、めちゃくちゃに髪を切られて、人々の前にその姿をさらされました。あのような時代が永遠に来ないように、心から願いたいものです。

さて、ご覧のように、よく感謝し、よく謝る文化を持つ日本人と異なって、中国人は直接謝る言葉、感謝の言葉を用いて気持ちを表わすことをあまり好みません。これは致し方のない文化の相違です。

今後中国人との間で、何かのトラブルや、衝突が生じた場合、ぜひこのことを思い出していただければと思います。

第五章　なぜよそ者に冷たいのか？

中国人の身内的思考

社会学者としてアジアの文化に詳しい園田茂人先生は、著書『中国人の心理と行動』（NHKブックス）の中で、中国で働いた経験を持つ、ある日本人ビジネスマンが語ったこんなたとえ話を紹介しています。

「道を歩いていて、前に大きな穴があいているとしましょう。道の周りの人はそこに穴があいていることを知っているのですが、歩いている人はこれを知らない。もし歩いている人と道の周りの人が知り合いならば、『そこに穴がある』と知らせてくれるのに、そうでないと黙って見ているだけ」

「日本人のような外国人は、道の周りの人と知り合いにならねばなりません」

私は、なるほど鋭い指摘だなと思いました。一般的に、中国人は知り合いには親切で情も厚いのですが、まったく知らない人には、その態度が違ってくるのは確かです。

中国人は「親《しん》」と「疎《そ》」を区別する意識がかなり強いのです。

「親」とは、身内、親しい人で、「疎」はよその人、知らない人、親しみのない人です。

中国人は家族に手紙を送るとき、たいていその最後に、

「そちらの親人のみなさんによろしくお伝えください」

と、書きます。この「親人」は家族、身内の全員を指しています。

中国の人間関係においては、この「親」、つまり身内的思考がいろいろなところで顔を出します。ここからは中国人の身内的思考をお話ししてみましょう。

義理の身内関係を結ぶ慣例

「拝干親《ばいかんしん》」というのは、中国に古くからある、赤の他人同士が約束して親子関係を結んだり、兄弟関係になったりする文化です。まさしく義理の身内です。

中国の小説『三国志演義《さんごくしえんぎ》』に「桃園結義《とうえんけつぎ》（桃園の誓い）」という有名なシーンがあります。桃畑で劉備《りゅうび》、関羽《かんう》、張飛《ちょうひ》の三人が、義兄弟となる誓いを結び、生死を共にする宣言を行ったという逸話です。

『三国志』好きの日本人の方なら、きっとこの一節を知っているでしょう。

現代中国では、「干親」の中でも、よくあるのは「干媽（義理の母）」、「干爸（義理の父）」ですが、これは日本の婚姻関係における義理の母、義理の父とはまったく違うものです。

同僚や友人、近所の子供がとても可愛くて気に入っている場合、その親と子供本人の同意を得て「干媽」や「干爸」になるというもので、その子供を「干児子（義理の息子）」、「干女児（義理の娘）」と言います。

「干媽」や「干爸」になる人は、必ずしも自分に子供がいないとは限りません。子供が大好きで自分の子供を持っている人も少なくありません。

これはあくまでも呼び方だけで、実際いっしょに暮らすとか、法律上親として義務を果たすといったようなことはいっさいありません。

しかし、この約束で結ばれた身内関係は、普通の人間関係より、ずっと親密です。「干媽」、「干爸」と呼ばれた以上、それほど難しいことでなければ、喜んで面倒を見てやるのが人情とされています。

中国流の呼びかけ方

第一章で触れたように、中国では、例えば道を尋ねるとき、もし相手が中年の男性であれば「おじさん」、若い女の子なら「妹さん」というふうに、相手の年齢層によって「おじいさん」「おばあさん」「お兄さん」などとまず声をかけるのが流儀です。

一九四九年、新中国が成立してから、最も大事な人間関係とされたのは「同志」でした。

仕事関係では、書類上でも、正式な会議や集まりでも、あるいは知らない人に声をかけるときでも、「～同志」「同志」が使われます。また、手紙の宛先には、必ず「～同志」という言葉を書きます。たとえ親がわが子に寄せた手紙でも同じです。

しかし、ふだん勤め先の同僚との間では、これもすでにお話をしたように、苗字の前に「老」と「小」を付けて、「老王」「小李」というふうに呼び合うのが一般的です。

仲がいい、親しい感情を表わすのに、同世代の間、自分より少し年上の人に苗字の後ろに「～哥（～兄さん）」、「～姐（～姉さん）」を付けて呼ぶ人もいます。

会社以外のところ、とくに近隣の付き合いでも、こうした従来の中国式の呼び方が依然として残っています。

私は幼い頃、両親が仕事で忙しかったため、祖母のもとへ預けられました。祖母が住んでいたのは、日本でもよく紹介されることのある「四合院《しごういん》」でした。

「四合院」とは、中国北方の伝統的住宅で、一三世紀頃から建てられ始めたものです。大きな門を入ると、東西南北に家屋があり、真中に大きな中庭があります。

新しい中国が成立する以前には、こうした四合院は、大金持ちや王族の一つの家庭、及びお手伝いさんがいっしょに住んでいる家屋でした。

しかし、新中国が成立してからは、その家屋の一部分が「共産」され、よその人々といっしょに住むことも珍しくなくなりました。祖母が住んでいた四合院は、もともとの家主一家人たちでした。

東西南北にそれぞれ二家族ずつ、合計八世帯が住んでいて、ここでもご近所付き合いは、全部苗字の後ろに「～おじいさん」「～おじさん」「～おばあさん」「～おばさん」「～兄さん」「～姉さん」を付ける身内の呼び方でした。

ここでは、生活用品を共同で使用することもあります。例えば、四合院の外にある水道水を汲みに行くのには、バケツが必要です。バケツは隣の劉おばあさんの家にあるので、うちの家族と隣のもう一軒は、そのバケツを使っていました。うちの叔父はいつも、「劉おばさん、バケツ、ちょっと使いますね」とひと声かけるだけで、勝手にバケツを持ち出します。使い終わったら、またもとの場所に戻せばいいのです。

夏になるとよく、中庭にちゃぶだいを出して、夕飯を食べました。

「何食べてるの？」

「お味噌、いる？」

「ちょうだい」

と、隣の家の人と世間話をしながら、互いに料理をあげたり、もらったりもします。

父は長男で、妹が二人、弟が三人もいました。あのころ若かった叔父たちは楽器が好きで、夕方になると、よく中庭で二胡《にこ》、笛などを練習し、ときには隣人といっしょに演奏したりもしました。

その四合院の生活は、幼い私の心に深く刻まれ、数十年経った今も鮮明に覚えています。

人の呼び方にまつわる個人的な記憶には、こんなものもあります。私が中学生のときのことです。そのころ住んでいた父の会社の社員寮の近くで、見ず知らずの一人の中年の女性から、突然「妹子（妹さん）」と、声をかけられました。彼女はその近くのあるお宅を探していたようです。

当時はまだ文化大革命中です。多くの中国人は人間性を失い、毎日血まなこになって「造反」や「革命」ばかりやっていた時期でした。

まさに文化大革命育ちで、「同志」、「同学（同じ学校で学ぶ人間関係を表わし、また、学生に声をかけるときも用いる）」という呼び方を聞き慣れていた私は、「妹子」と呼ばれ、ちょっとびっくりしました。だから今でも覚えているのです。

その頃は、学生に声をかける場合、「同学」、「小同学」が、当たり前とされていました。そうした歪んだ革命時代にあっても、「妹さん」といった身内的な呼び方は、中国の伝統として、決して消えることはなかったのです。

改革開放が進むにつれて、一九九〇年代以後は、「同志」の代わりに、以前は外国人だけに用いていた呼び方が、しだいに中国全土にわたって、中国人同士でも使えるようになりました。こうして、男性なら「先生（男性に対する敬称）」、「公子（お坊ちゃま）」、女性なら「小姐（お嬢様）」、「女士（女史）」といった呼び方が一時大流行しました。

実は新しい中華人民共和国が成立してから、国民党時代（いまの台湾政権）の「先生」や「小姐」「公子」などの呼び方が中国人の間では、一時死語のようになっていました。

そのころは「小姐」や「公子」と呼ばれる人は、批判の対象になり、ひどい目に遭ったのです。私の叔母もその一人でした。

文化大革命中、批判された叔母の罪は、ただ「きみはお嬢様だったから」、というなんとも理不尽なものだったのです。

ですから、「先生」や「小姐」といった呼び方の流行は、中国人を喜ばせました。そう呼ばれると、どこか高貴な身分になった感じがするのです。あの頃は、女性ならば、皺《しわ》だらけのお婆ちゃんを除いて誰でも「小姐」でした。

教員の私は、それまで「老師」と呼ばれてきましたが、帰省したり中国の学会に出席して「小姐」と呼ばれると、最初は妙な気分でした。

しかし、この「先生」や「小姐」のブームも二〇〇〇年代の半ばからしだいに弱まり、また揺り戻しがきています。

あえてする身内的な呼び方

中国は、今まさに伝統的な身内の呼び方へと全面回帰している真っ盛りです。私はそのことを帰省するたびに、身をもって強く感じます。社会のいたるところで身内的な呼び方を耳にするのです。

百貨店、あるいはレストランなどのサービス業でも、中年の顧客に「おばさん」「おじさん」、お年寄りに「おじいさん」「おばあさん」、そして、若い男女なら「お姉さん」「妹さん」「お兄さん」「弟さん」といったような呼び方で声をかけるのが、すっかり普通になっています。ある日、私は平日でも混んでいる人気レストランの予約をしました。店に着いて名前を名乗ると、担当の女性はすぐ私のことを「大姐」と呼んでくれました。

「姐」の前に「大」をつけるのは、家族であれば、「一番上の姉」という意味ですが、家族でない場合は、自分より年上の女性を呼ぶときの敬称になります。

この「大姐」一言には、懐かしい思い出があります。私が中国の大学に勤めていたときのことです。大学院を修了した後、私は同じ大学に残って教壇に立っていました。

当時の大学は教員の個人研究室を備えていませんでした。文科系の教員はふだん自宅で研究をし、授業や会議のある日だけ大学に行きます。大学のキャンパスに教職員の住宅があるので、本来ならば、とても便利ですが、結婚した女性の私は住めません。

なぜかと言うと、当時の中国では、社宅の配分は男性を基準とし、夫の会社に社宅や職員寮があれば、妻の勤め先の住宅には住めないのです。

夫の会社の社宅は、大学から遠いので、私は授業のある日の昼間にときどき体を休めるために、独身教職員寮を借りて、院生の時に使っていた布団などをそのまま運びこんでいました。

ここにいる私以外の教員は、大学を卒業したばかりなので、みな私より年下です。みんなが私を「老師」で呼ばず、「大姐（一番上の姉さん）」と呼んでくれました。親しみを込めた身内の呼び方です。私は今でも、あの宿舎の「妹たち」を本当に懐かしく思います。

今は、中国の職場も、以前より身内的呼び方がさらに増えています。親しい関係を示すには、互いに兄弟のような呼称を使うのです。とくに私的なことを相手に頼んだりする場合、なおさらです。例えば、男性の張さんに何かを頼む時には、

「張兄さん、お願いがあるのですが」

と、声をかけます。

かたや女の人は自分より年下の男性に対して、

「姉さんがあなたに頼んだよ」

と言ったりします。私は、大学の女性の学院長が、部下にちょっとした用事を頼むのにこう言う場に居合わせたことがあります。本来ならば、ただ「これをやってほしい」と言っても、まったく問題のない場面でしたが、頼まれた側に親しい関係を感じさせ、快くやってもらうために、身内的呼び方をしたのです。こうしたことは確かに効果的です。

テレビ番組でもそうです。中央テレビをはじめ、地方の番組でも、出演している芸能人や、各方面の達人や英雄などを紹介する際、そして、現地レポートをするときも、ほとんど「～おじいさん」「～お兄さん」「～お姉さん」というような呼び方をするようになりました。

機嫌を損ねた訪中団

これも先述の通り、中国では、「おじいさん」「おばあさん」で呼ばれた場合、そこには尊敬の意が含まれているので、呼ばれたほうは決して不機嫌になりません。とくに間違ってそう呼ばれた若者なら、得した気分にもなるのです。

しかし、このような中国ふうの呼び方を、いきなり日本人がされたら、どうでしょう？

ずいぶん以前の話ですが、日本からの民間訪中団が中国の小学校を訪問し、子供たちの熱烈な歓迎を受けました。子供たちは挨拶の冒頭で、当然のことながら、

「おじいさん、おばあさん」

という尊敬の意を込めた丁寧な言葉を用いました。

日本の文化をあまり知らない中国の通訳の方が、これをそのまま訳したら、日本人のみなさんの顔色が変わり、すっかり機嫌をそこねたように見えたと。こうした笑い話のような話は、本当にあちこちでよく聞かれます。

みなさん、もし中国旅行に行かれたとき、町や店で、「おじいさん」「おばあさん」や、「おじさん」「おばさん」と呼ばれても怒らないでください。

そして、多少なりとも中国語を話せる方なら、道を尋ねたり、何か困って物を頼むことがあれば、ぜひこうした親しみを込めた身内の呼び方を使ってください。

「老大娘《ロウダアニャン》（おばあさん）、〜に行くには、どう行けばいいですか？」

と。

用心深さが生む不親切

中国人は大らかではありますが、一方で、ある部分とても注意深いという特徴もあります。一例として、疑われそうな行動や場所を避けよう、という類の諺が古くからあります。

日本の『広辞苑』にも載っている「瓜田李下《かでんりか》」はその一つです。

「瓜田不納履、李下不正冠（瓜田《かでん》に履《くつ》を納《い》れず、李下《りか》に冠《かんむり》を正《ただ》さず）」

瓜畑で靴を履き直すな、桃やすももの木の下で帽子をかぶり直すな、そんなことをすると、瓜泥棒、桃泥棒と疑われてしまうぞ、ということです。

また、このような諺もあります。

「二人不観井、一人不進廟（二人《ふたり》で井《い》を観《み》ず、一人《ひとり》で廟《びょう》に進《すす》まず）」

というのは、二人でいっしょに井戸をのぞくな、一人では廟に入るな、ということです。もし一人がうっかりして滑って井戸に落ちたら、もう一人は突き落としたと疑われる可能性があり、その弁明はなかなか大変です。

一人で廟に入るなというのも同様です。前にも触れましたが、中国の「廟」は、日本の神社のようなもので、祭られているのは神様や偉い人、祖先などです。有名なものには、孔子を祭る「孔子廟」、三国時代の関羽を祭る「関帝廟《かんていびょう》」などがあります。廟の中には、貴重な器や供え物があるので、一人で入ると、もしそうしたものが壊れたりなくなったりした場合、無実を証明してくれる人がいなければ、やはりややこしいことになります。

本来ならば、先祖を祭る個人所有の廟以外、誰でも自由に詣でることができるのが廟ですが、「一人で廟に入るな」という諺は、中国人の注意深い一面を示しています。

以前、日本のテレビ番組で、世界一親切な国ランキングというものを偶然目にしたことがあります。人ごみでわざとお金を落としたり、袋詰めのたくさんのみかんを転がしたりして、その国の人々の反応をチェックし、これで親切度を判定するということで、結果的に日本とオランダが上位にランキングされていました。

番組全部を見ていなかったので、中国が何位だったのかは分かりませんでしたが、おそらく決して上位ではなかったでしょう。これもやはり中国人の注意深さと関係があります。

私自身、もし目の前の人がお金を落としたとしても、その人が高齢だったり、あるいは体が不自由だったりして、自ら拾うことが困難という状況でなければ、お手伝いしません。

なぜなのか？　やはり人様のもの、とくに大事なお金を拾うという行動には、疑われる可能性があると思うからです。

仮に拾ってあげたとして、「あれ!?　お金の枚数が足りない。もう一枚あるはずだ」などと言われたら困るでしょう。これは私だけでなく、中国人に聞けば、たいてい同じ考えを持っています。

しかし、手伝いはしないのに、その場を離れず、傍観する中国人もよく見かけます。

確かに、中国人は好奇心があきれるほど旺盛で、「見物」が大好きです。

こう聞くと日本人は「中国人はなんて不親切なんだ」と思われるかもしれませんが、中には、必要であれば手を差し伸べようと思っている中国人が多数いることも、知っておいていただきたいと思います。

先の高齢者の例だけではなく、例えば、そのお札が風に飛ばされそうになった場合には、さすがの中国人もズボンやコートのポケットに入れた手を出し、取ってあげない人はいない、と言い切れます。

ただ、電車や店の中で、誰かがハンカチやスカーフなどの小物を落とした場合、日本人なら、さっと拾ってその人に渡しますが、中国人の場合、ちょっと違います。

「おい、落ちたよ！」

と、声をかけて知らせる。近くならば、その人の肩を叩いて、落としたものを指さす。要するに、なるべくそのものに手を触れないようにするのが、中国人の一般的なやり方です。

中国には「明哲保身《めいてつほしん》」という四字熟語があります。聡明な人は自分に危険をもたらすようなことには関わらず、自分の身をちゃんと守る、ということです。これも中国人らしさ、「劣根性」の一つですが、中国人が普遍的に持つ人生哲学でもあるのです。

「共食」は神通力のある宝物

「民以食為天（民《みん》は食《しょく》を以《もっ》て天《てん》と為《な》す）」というのは、中国の有名な諺です。食は人間にとって、一番大事なもの。「食」は中国の文化的礎《いしずえ》の一つです。日本でよく知られる「你好《ニイハオ》（こんにちは）」と言う代わりに、親しい中国人の間では、

「吃飯了嗎？（食事をしたか？）」

と挨拶するのはごく普通で、これを外国の方々にはよく笑われます。

そして、中国人にとっては、食べること以上に大事なのが、「食べ方」です。その基本は「共食」、つまりいっしょに食べるということです。丸いテーブルを囲み同じお皿やお碗に箸を入れてわいわい、がやがや食べるのが、ご存じの中国流です。

以前に報道された話ですが、日本で人気のファストフード的中華料理店の「餃子の王将」が中国に進出し、主に水餃子を食べる中国人に日本の焼き餃子セットを売り出しました。しかし、その売れ行きはあまりよくなかったそうです。

水餃子か焼き餃子かということとは別に、原因の一つは、やはり中国人が一人で食事をすることを好まず、みんなでいっしょに食べるのが大好きというところにあると思われます。

この「共食」については、私自身懐かしい思い出があります。

一九八〇年代の中国では、一九七六年「四人組」が倒された後の「学習熱（勉強ブーム）」から、「文凭熱（卒業証書がもてはやされる風潮）」に入り、時代のニーズに応え各大学は通信大学や、夜間大学などを作りました。

このため大学の教員たちは、数日間、地方に行って授業したり、指導したりすることが増えました。

あるとき、私も地方の授業に出かけました。当時、大学の教員の給料は、いまと違って低かったので、地方の担当者に頼んで小さい旅館を紹介してもらい、文学部の私と、哲学部、歴史学部の女性教員三人で同じ部屋に泊まりました。

その旅館で食事を取るには、まず食券を買う必要がありました。われわれ三人は同じ大学と言っても、それまで面識がありませんでした。初日は、三人とも数日分の食券を買って、それぞれの料理を注文しました。

食べながら話をしているうち、

「べつべつに注文すると、めんどうくさいし、料理も一品しか食べられないから、明日から、いっしょに注文して食べよう」

ということになりました。

三人の中で三〇代の私が一番若く、年長の先生はすでに五〇代。私より少し年上のもう一人の先生が管理が上手そうだったので、さっそく私と五〇代の先生は、買った食券を全部彼女に渡しました。

数日の間ですが、毎日三人で相談して料理を注文します。お互いに「これ、食べて、美味しいよ」と勧めながら、子供や家族と離れての寂しさを忘れ、同じ皿に箸を運んで楽しい時間を過ごしました。


さて、ではどうして中国人はそれほど「共食」が好きなのでしょうか。これにはかなり長い伝統があります。中国人は古くから祖先祭祀を重視し、紀元前に成立した『詩経』にも「祖先祭祀」詩が多く残っています。

また、春秋時代（前七七〇〜前四七六）に成立したとされる史書の『国語《こくご》』にも祖先祭祀に関する記録があります。これらの史料によれば、祭祀の日になると、みんなが家の内外を清潔に掃除し、綺麗な服を着て、謹んで祭祀を始めます。

そして、荘厳でしめやかな雰囲気の中で祭祀を終えると、供え物をてきぱきと片づけ、必ず一族全員で宴会をし、みんなで酒やごちそうを思う存分食べるのです。

この「共食」によって、日ごろの誤解やみぞ、トラブルがすべて解消され、友好・親睦関係を結ぶことができ、また、上と下の間も仲良くなり、一族の絆が強まったと言います。

『詩経』の「楚茨《そし》」に詠まれているように、

「莫怨具慶（怨《うら》むこと莫《な》く具《とも》に慶《けい》す）」

みんなが怨みもなく仲良くいっしょに祝うのです。

何千年も経ち、中国社会はかなり変貌してはきましたが、この「共食」の伝統は、依然として変わっていません。

衛生面から考えれば、同じ皿や鍋に箸を入れていっしょに食べるより、料理を取り分けて食べた方が確かにいいかもしれません。しかし、中国では、家族や友人同士はもちろんのこと、社員に昼食を提供する会社でも、いまだにテーブルの上に大きな皿や碗を並べ、みんなでいっしょに食べるのをよく見かけます。

二〇一〇年、上海万博を見に行ったときのことです。娘と地元のレストランで昼食を食べている最中、あんかけされたまるまる一匹の鯉が大きな皿に載せられ、すぐ隣のテーブルに置かれました。

娘は「美味しそう」、と思わず日本語でつぶやきました。私もそのテーブルに目をやると、他にもいくつかの野菜料理が次々運ばれてきました。

ところが、テーブルにお客さんの姿はありません。不思議に思っていると、三、四人の従業員が続々とテーブルにつき食べ始めました。

「そうか、あれは従業員のお昼なのね」

と、娘に話しました。お客と席を並べて従業員がまかない料理を食べるというのも中国ならではですが、二人して興味津々で従業員たちの食べ方を覗いてみると、やはり「公用筷子(料理を取る箸)」を使わず、みんな自分の箸で同じ皿の料理を取っています。

「さすが中国だね」

と、日本育ちの娘が囁きました。

こんな話もありました。一昨年、夫が中国にある友人の会社を訪ねたときのことです。ちょうどお昼の時間なので、会社の食堂でいっしょに食べないかと誘われました。もちろん、そこも中国式の「共食」です。

食事中、普段は日本で仕事し、たまに中国に来るという一人の日本人社員を指さし、友人は、「あの日本人ちょっと変なんだ。ここで食事するとき、いつもご飯ばかり食べていて、料理に箸を運ばないいんだ」と、言ったそうです。

夫はこの話を聞くと、笑って、「彼はきっと中国式の『共食』に慣れず、たくさんの箸を同じ皿に入れるのには抵抗があるんだよ。だから自分のお碗の中のご飯しか食べないいんだ」と、教えてあげました。それを聞いて、その友人と周りの中国人は「そうか」、と言いながらも、ずいぶん戸惑った顔をしていたそうです。

確かに、ずっと中国にいて、外国に行ったこともない中国人にとって、これはなかなか理解し難いことです。同じ皿でいっしょに食べるのは、当たり前で何の違和感もありません。いっしょに食べてこそ、家族、仲間、親しいという感じがするのです。

「共食」は中国人にとって、互いに仲良くし、物事をうまく運んでいく神通力のある宝物なのです。

とはいえ、中国旅行に行きたい日本人の方々には心配はご無用です。ホテルのレストランなら食事するとき、料理を取るお箸がきちんと用意されますし、伝統的な「共食」が続いている中国人向けのレストランでも、今では料理を取る箸を出すところが増えました。

また、大きな会社や工場の社員食堂では、一人前の料理をまとめた日本の定食のような形も多くなっています。

まず「コネ」を探す世渡り術

古来中国人は、人間は周囲とのつながりや支えがなければ、一人では生きられない、と悟っていました。

「在家靠父母、在外靠朋友」

という古い諺がありのます。家にいるときは、何か困ったことがあれば、両親が頼りになるが、実家を離れよそに行ったなら、頼れるのは友達だ、という意味です。

現代においても、中国は「コネ社会」なので、この「関係」があれば、あるいは「関係」を作れば、世渡りがずいぶん楽になり、望むことの成功率も高くなります。

基本的にサービス精神がまだまだ欠けているので、たとえ小さい事柄でも「関係」がなければ、物事がスムーズに運びません。例えば、役所で当たり前にやってもらえるはずの手続きや書類審査でさえ、時間がかかったり言いがかりをつけられたりすることは日常茶飯事です。

ですから、中国人はちょっと面倒臭そうなことがあれば、まず「関係」を探します。そうして、誰々さんのお姉さんが、弟さんが役所に勤めていることを知り、知り合いを通して「関係」をつけてもらったら、電話一本でも、とたんに簡単に事が運ぶのです。

駐車違反で警察に罰金の紙を貼られた場合でもそうです。多くの中国人はまず、そこの警察と「関係」のある人を探します。

警察の誰かの知り合いがいれば、その人に電話をしてもらうか、あるいは、もっと「関係」が深ければ、自分の代わりに直接出向いてもらう。そうやって罰金を払わなくても済むということが、ごく当たり前のこととしてあるのです。

このような社会に生きる中国人は、少しでも楽に生きるために「賢く」ならなければなりません。体があまり丈夫でなければ、まずは病院で働く人と「関係」をつける、つまり友達を作るのです。そうすれば、いざ病院に行く際、いいお医者さんを紹介してもらえるし、分からないことがあったら丁寧に教えてくれるのです。

新中国では長い間、革命や闘争に追われ、食べ物も品物も足らず、何でも配給という時期が続きました。「お客様は神様」どころか、まったくその逆。商売においてはサービス精神などほぼありませんでした。要するに、みな「革命仕事」だからです。

改革開放後、ようやく多くの会社や商店でも、仕事の成果を給料やボーナスに反映させるようになって、サービス態度がかなり改善されてきました。

それでもやはり、「何で私が笑顔で丁寧に応対しなければならないのよ」と納得できていない人はまだまだ多いのです。

この前、中国でバスに乗ったときのこと。ワンマン車の運転手が混んでいる車内の乗客に「もっと奥に詰めて」

と言った後、「謝謝啊《シェシェアー》（ありがとう）」と付け加えるのを耳にしましたが、その「啊」という語気助詞のアクセントには「感謝」の気持ちが、まったく感じられませんでした。むしろ「もう、さっさと奥に詰めなさいよ」と、うんざりしている語感なのです。日本に慣れ親しんでしまった私は、それを聞いて苦笑するしかありませんでした。

「知己」は求め難い

人間というのはそもそも、他人に自分の話を聞いてもらいたいという欲があるそうですが、中国人は、ことさらその願望が強いようです。

物事に対する自分の考えを積極的に述べ、自分の気持ちを知ってほしい、あるいは自分を認めてほしいというのは、中国人の特徴の一つです。

『論語』にもこんな逸話があります。ある日、孔子は弟子たちにこう言いました。

「君たちはいつも『誰も私のことを知らないよ』と言うでしょう。今日は遠慮せずに、自分の気持ちを言ってごらん」

孔子は弟子たちが、自分の気持ち、自分の志を人に知ってほしいという強い思いを抱いていることをよく分かっていて、弟子たちにそれを吐露する機会を設けたのです。

そして、中国には、

「千金易得、知己難求」

という諺があります。千金は得やすいが、知己《ちき》は求め難い。つまり、大金より「知己」の方がずっと得難いということです。魯迅もこう言います。

「人生得一知己足矣」

人生は「知己」一人さえ得れば、もう十分だというのです。

中国の大辞書『辞海《じかい》』によれば、「知己」とは、互いによく知り、よしみの深い友という意味合いで、ここには自分の能力や人格を認めてくれることも含まれています。

この「知己」の友をまた「知音《ちいん》」とも言います。「知己」と「知音」は、いずれも古くから使われてきた言葉で、その出典は次のような物語です。

戦国時代（前四七五〜前二二一）の末期に成立した『呂氏《りょし》春秋』などによれば、春秋時代、伯《はく》牙《が》は琴を弾くのが上手で、鐘子期《しょうしき》はそれを聴くのが得意でした。ある日、伯牙は琴を弾いて高い山を表現しました。それを聴いた鐘子期はその意図を理解し、

「素晴らしいね。高くそびえていて、泰山のようだ」

と、讃えました。次に、伯牙が流れる水を表現したら、鐘子期はまた、

「素晴らしい。勢いよく流れる大きな川のようだ」

と、言いました。伯牙はとても驚き、今までこれほど自分の曲を分かってくれた人はいない。「あなたの心は私と同じだ」、と深い感銘を受けました。

そして、不幸にして鐘子期に先立たれると、伯牙は自分の琴をよく理解してくれた「知音」の死を悲しみ、大切にしてきた琴を壊し、以来二度と琴を弾くことはありませんでした。

これはとても感動的な物語です。中国十大古典名曲の一つ、「高山流水《こうざんりゅうすい》」は、この物語から生まれました。

また、司馬遷の『史記』には「管鮑《かんぽう》の交《まじ》わり」の物語が記されています。

春秋時代、斉の政治家である管仲《かんちゅう》と鮑叔牙《ほうしゅくが》は、とても仲の良い友でした。その鮑叔牙が病気になると、管仲は食事がのどを通らないほど心配しました。周りの人に「なぜそれほど」と聞かれ、管仲はこう答えます。

「私を生んだのは父母だが、私を知るのは鮑叔牙だけだ。もし彼が死んだら、この世の中に私を知る人はもういないんだ」

この「管鮑の交わり」の物語も中国歴史上の「知己」の美談です。

中国の詩歌においても、古くから「知己」がよく詠まれています。少し見てみましょう。

海内存知己　　海内《かいだい》 知己《ちき》存《そん》すれば
天涯若比隣　　天涯《てんがい》 比隣《ひりん》の若《ごと》し
（「杜少府《としょうふ》 任《にん》に蜀州《しょくしゅう》に之《ゆ》く」）

莫愁前路無知己　　愁《うれ》うる莫《な》かれ 前路《ぜんろ》知己《ちき》無《な》きを

天下誰人不識君　　天《てん》下《か》誰人《たれびと》か　君《きみ》を識《し》らざらん
（「董大《とうだい》に別《わか》る」）

ひとつめは唐の詩人・王勃《おうぼつ》（六四九〜六七六）の作品で、友人の「杜少府」を見送る詩における句です。世の中に自分をよく知ってくれる、心のつながっている「知己」がいれば、たとえ遠く離れていても、いつもそばにいるようで心強く寂しくない、と詠んでいます。

かつて毛沢東が、当時同じ社会主義国であったアルバニアの労働党第五回代表大会に送った祝電に引用されたことによって、この詩句は中国で広く知られています。

ふたつめは唐の高適《こうせき》（七〇二〜七六五）の詩です。タイトル「別董大」の「董」は苗字で、長男なので「董大」と。彼の名前は董庭蘭《とうていらん》で、唐の有名な画家であり、琴師でもありました。これは高適が董大を見送る詩で、高適は、

「これから行くところに〝知己〟がいないと愁えないで。天下の誰しもが君の名前を知っているよ」

と、董大を励ましています。この温かい友情に溢れる詩は、今でも中国で高い評価を受けています。

そして、こうした諺もあります。

「士為知己者死（士《し》は己《おのれ》を知《し》る者《もの》の為《ため》に死《し》す）」

男は自分を知る者のためになら死ねる。ここの「知己」には、自分をよく知るという意味だけではなく、自分の才能を認め、信頼してくれる人という意味が含まれています。その人のためなら、自ら進んで命を投げ捨ててもいいのです。

このように、「知己」を強く求め、それをとても大切にする文化を持つ中国人だからこそ、自己主張が強く、個人の能力に対する評価をとても重視するのも、もっともなことなのです。

協調性に欠ける中国人

先にも触れた台湾の作家・柏楊さんは、著書『醜陋的中国人（醜い中国人）』の中で、中国人の劣根性（悪い根性）を批判し、その一つとして、「窩里闘」を挙げました。「窩里闘」とは、団結せずに内輪もめするということです。

中国人が個人英雄主義的で、協調性に欠けていることに対しては、日本人研究者からもよく指摘されているところですが、実は、中国人自身もそれをよく認識しているのです。現代版の諺では、こう言います。

「一個中国人是一条龍、三個中国人是三条虫」

中国人が一人なら、一匹の龍だが、三人になると、ただの虫三匹になる。

この意味を説明いたしましょう。

中国人は「龍」か？「虫」か？

「龍多不治水」という諺があります。龍が多くいると、洪水を治めることをしなくなるということです。

中国には古くから龍が洪水を治める物語があります。しかし、その龍がたくさんいれば、他の龍がやってくれるから、自分がしなくてもいい。あるいは、こんなにいるのにどうして自分がしなければならないのか、と互いに責任をなすり合って、誰もが洪水を治める仕事をしなくなる。

これと類似する諺にこんなものもあります。

「一個和尚担水吃。両個和尚抬水吃。三個和尚没水吃」

和尚が一人なら、てんびん棒で水を担いで来て飲む。二人なら、二人で水を運んで来て飲む。三人になると、飲む水はないというのです。

龍の諺とほぼ同じ意味合いです。あの二人がいるから、自分が汲みに行く必要はない、と三人それぞれこう考えているのです。

こうして責任をなすり合い、協調性に欠けるのも中国人の「劣根性」の一つ。前にも述べたように、中国人が自らも批判しています。ですから、「中国人が一人なら、一匹の龍だが、三人になると、ただの虫三匹になる」という諺が生まれたのです。

ちなみに、この諺を模して日本人について、こういう言い方があります。

「一個日本人是一条虫、一群日本人是一条龍」

日本人が一人なら、虫一匹だが、ひと群れの日本人なら、一匹の龍だ。これは日本人の団結力、協調性を称えているものです。

元来こうした国民性があったにもかかわらず、新中国成立後、施行されたのは、社会主義の「悪平等」でした。つまり仕事ぶりや能力などと関係なく、すべての人の待遇を一律にするという政策です。当然のことながら、これは中国人のやる気を喚起することができませんでした。三十数年前の改革開放によって、個人の能力や努力を認めたことが、今の中国社会の繁栄をもたらしてきた要因の一つと言えます。

ご覧のように、中国人との個人的なつき合いはもちろん、中国人社員を雇用する外資企業においても、中国人のこれらの特徴を理解することは不可欠だと思います。

第六章　中国人と日本人は理解し合えるか？

中国人の憂患意識

日本人は言動が慎み深く、どちらかと言えば内向的な性格と捉えられることが多いのに比べて、中国人はよく言えばおおらかで外向的だと言われています。しかし、みなさん驚かれるかもしれませんが、あの「大声で話をする」中国人は、反面、古くから「憂患《ゆうかん》意識」の強い国民でもありました。

「憂患」という言葉は、日本でも使われていますが、『広辞苑』には、「心配し心を痛めること。心痛。うれい」とあります。

中国人の「憂患意識」は、より分かりやすく言えば、いつも何かを心配し、憂慮するという意味合いで、古来中国人の精神的特質の一つです。

「憂患」という言葉が最初に現れるのは、『易経』の「系辞伝《けいじでん》」です。

「作易者、其有憂患乎」

『易』を作った人にはおそらく憂患があったのだろう、と。要するに『易経』は憂患によって作られたものではないか、というのです。

その後、『孟子』に、

「生於憂患而死於安楽（憂患に生き安楽に死す）」

という有名な言葉があります。「憂患」すれば生きながらえるが、安楽をむさぼると死に至るのです。孟子が生きていたのは、各諸侯国が激しく戦う戦国時代でした。これは彼がその時代の現実から得た認識です。いつも憂慮をし、そのために頑張ってこそ、生きながらえるのです。

日本でもおなじみの「杞憂《きゆう》」という言葉もあります。『広辞苑』には、「杞憂であれば幸いだ」の用例も挙げられています。これは中国の「杞人憂天《きじんゆうてん》」の物語から来た言葉です。大昔、杞という国に、もしも天が崩れ落ちてきたらどうしようかと、とても憂えている人がいました。そのせいで食事もおいしく食べられず、ゆっくり寝ることもできません。

中国では、この杞人の憂いを「凡人の憂」とも言います。つまり、無用の心配をして自ら空騒ぎをするのは凡人だということです。ならば、凡人のものでない憂いとは、どんなものでしょうか。

実は中国最初の詩集『詩経』は、深い憂患意識を表わしたものでもあります。そこには、自然災害、国や民、肉親、人生、恋愛、婚姻などに対するさまざまな憂患が詠まれています。例えば、こんな詩句があります。

耿耿不寐
如有隠憂
微我無酒
以敖以遊

耿耿《こうこう》として寐《い》ねられず
如《しか》して隠憂《いんゆう》有《あ》り
我《われ》に酒《さけ》無《な》きに微《あら》ず
以《もっ》て敖《あそ》び以《もっ》て遊《あそ》ぶ
（「柏舟《はくしゅう》」）

不安で不安で夜も眠れず、心に深く大きな憂いがある。酒がないわけではないが、飲んで遊んでもこの憂いを忘れることができないのだ。

このような深い憂患意識にしばられて、生きている辛さがこう詠まれています。

戦戦兢兢
如臨深淵
如履薄冰

戦戦《せんせん》兢兢《きょうきょう》として
深淵《しんえん》に臨《のぞ》むが如《ごと》く
薄冰《はくひょう》を履《ふ》むが如《ごと》し
（「小旻《しょうびん》」）

いつも、びくびくし戦々恐々としている。まるで深い淵に臨み、薄い氷を踏むようだ。

後に、後漢で誕生した『古詩十九首』にも、

生年不満百　生年《せいねん》は百《ひゃく》に満《み》たず
常懐千歳憂　常《つね》に千歳《せんざい》の憂《うれい》を懐《いだ》く

という詩句があります。人生は百歳までは生きられないのに、常に千年もの憂いを抱えている、と。『古詩十九首』は後漢の末、不遇の文人らによって作られたもので、そこには日に日に弱っていく国や、自身の未来に対する憂慮が表われています。

日本でも『三国志』でよく知られる曹操《そうそう》（一五五～二二〇）が、その「短歌行《たんかこう》」で次のように詠んでいます。

対酒当歌　酒《さけ》に対《たい》して当《まさ》に歌《うた》うべし
人生幾何　人生《じんせい》は幾何《いくばく》ぞ
譬如朝露　譬《たと》えば朝露《ちょうろ》の如《ごと》し
去日苦多　去《さ》る日《ひ》は苦《はなは》だ多《おお》し
慨当以慷　慨《がい》して当《まさ》に以《もっ》て慷《こう》すべし
憂思難忘　憂思《ゆうし》 忘《わす》れ難《がた》し
何以解憂　何《なに》を以《もっ》て憂《うれ》いを解《と》かん

唯有杜康　　唯《た》だ杜康《とこう》有《あ》るのみ

酒を目の前にして歌うべきではないか。人生は朝露のように短く、あっという間に歳月が去っていくものだ。宴の歌声が高まり、高らかに歌うべきなのに、私の心の憂いは、どうしても頭から離れない。いったい、どうしたらこの憂いを忘れることができるのか。酒（「杜康」は伝説上の酒を発明した人物で、転じて「酒」を表わす）のほかに何があるのか？

ここで曹操は、時が経つばかりで偉業がまだ実現できていない深い慨嘆を吐露しています。

続いては、杜甫による有名な詩句です。

窮年憂黎元　　窮年《きゅうねん》 黎元《れいげん》を憂《うれ》え
歎息腸内熱　　歎息《たんそく》して 腸内《ちょううち》に熱《ねっ》す

（「詠懐《えいかい》五百字《ごひゃくじ》」）

一年中、「黎元（民衆）」を憂え、彼らの苦しい生活を嘆いていると、まるで腸《はらわた》が煮えくり返るようだ。まさに、「人民詩人」と称された杜甫の、その称号に恥じない句と言えるでしょう。

そして、次の王朝・宋の時代になると、政治家で詩人でもある范仲淹《はんちゅうえん》（九八九～一〇五二）が、個人的な憂患を超え、はっきり「天下」という言葉を使っています。

先天下之憂而憂、後天下之楽而楽　（「岳陽楼記《がくようろうき》」）

天下の憂えに先んじて憂え、天下の楽しみに後れて楽しむ。要するに、人より先立って国や民を憂い、天下の人々が楽しんだ後に楽しむということです（ちなみに、東京ドームのある「後楽園」は、范仲淹のこの一節から取って名づけられたものだそうです）。

近代になり、国が衰え出すと、この「憂患意識」はさらに広がりました。「天下興亡、匹夫有責」という呼びかけが、清《しん》の時代の人々によって出されました。天下の興隆と衰亡には誰しも責任があるというのです。

こうして天下国家を憂える熱い思いこそ、凡人の「憂」ではなく、大いなる憂だと言えるのです。

それから、今でも庶民の間で広く伝わり、「憂患意識」を表わす諺や四字熟語があります。

「人無遠慮、必有近憂（人は遠い将来のことを考えなければ、必ず目の前に思いがけない憂いが起きる）」

「居安思危（安全や無事のときにも困難や危難に備え、用心を怠らないことだ）」

「未雨綢繆（雨が降らないうちに窓や戸を修繕しておく）」（日本語の「転ばぬ先の杖」と同義）

今の中国では、「居安思危」は、国の指導者から会社を経営する社長、スポーツ選手などまでが、よく口にする言葉です。二〇一四年三月に開かれた全国人民代表大会では、李克《りこく》強《きょう》国務院総理が国民に「憂患意識を高めよう」と呼びかけています。

ご覧のように、中国人の「憂患意識」には長い歴史があり、そこには個人的なものもあれば、国や民に対するものもあるのです。

詩は志を表わすもの

日本の古典文学、和歌の精神でもっとも重要なものは、「恋」だとされています。恋と自然という和歌の二大主題の中においても、やはり恋が主役です。日本文学史上初めての和歌集『万葉集』がそうでした。四千数百の歌の中で、恋歌がその半分以上を占めています。

奈良時代に成立した古い歌論書である『歌経標式《かきょうひょうしき》』では、和歌の本質についてこう定義しています。

「歌は鬼神《きじん》の幽情《ゆうじょう》を感ぜしめ、天下の恋心を慰むるゆえんのものなり」

要するに、「恋心」を表現するのが日本文学です。

しかし、日本の文学観と比べると、中国のそれはかなり異なります。最初の詩集『詩経』の序文に、こう書かれています。

「詩者志之所之也（詩《し》は志《こころざし》の之《ゆ》く所《ところ》なり）」

詩とは、志を表わすものだ、とはっきり「言志」の文学観を表明しています。つまり、もともと中国文学は、志を述べ表わすものなのです。また、

「発憤著書（発憤して〈固く決心して〉書を著す）」

「文章経国之大業（文章は経国〈国を治める〉の大業）」

といった名言も中国の正統的文学観を反映しています。司馬遷が「宮刑」を受け、発憤して大著の『史記』を完成させたのもその一例と言えるでしょう。

中国の文学史においては、「文以載道《ぶんいさいどう》」が提唱されてきました。「文」を以て「道」を載せるというのです。この「道」は、簡単に言えば、思想、中味といったものです。

日本に紅白歌合戦があるように、中国にも旧暦の大晦日に「春節聯歓晩会《しゅんせつれんかんばんかい》」という特別番組があります。ただ日本のように歌を歌うだけではなく、踊り、漫才、寸劇、伝統劇などもあり、子供からお年寄りまで、みんなで楽しめる総合的な娯楽番組です。

ここでも、お正月とは言え、ただのお笑いだけでは庶民でさえ受け入れてはくれません。

やはり中味がないと、つまり「道」を載せないと、つまらないと思われてしまうのです。中でも人気があるのは、社会を風刺し、庶民が心で思っていながら口に出せないでいることを許される範囲で代弁してくれるようなものです。

いつの時代でも、中国人には、人々を笑わせると同時に、少しでも精神的な支えになるものが求められます。刹那的なものではなく、笑って楽しんだ後、「ああ、感動した」「元気になった」「やる気が出てきた」「そうだね、もっと楽しく生きて行こう」といったような余韻のあるものが必要とされるのです。

かつての日本の連続テレビドラマ『おしん』は、日本人だけでなく、世界の人々を魅了し、感動させました。一九八〇年代の後半、中国でこのドラマが放映されたときの光景は、今でも忘れられません。放映時間になると、町中が静かになりました。みんな家で『おしん』を見ているのです。こんな冗談さえありました。

「この時間帯は泥棒も『仕事』をやめ、家で『おしん』を見ている」

また、大人である私たちも日本のアニメ『一休さん』に夢中になって、毎日楽しく見ていたことも思い出されます。ただ一休の賢さを楽しんでいただけではなく、「日本人って親孝行だね」「儒教の思想は日本にも結構残っているんだね」、と当時家族でした会話を今でも覚えています。

端午の節句と愛国

日本に「端午の節句」という祭日（現在の「こどもの日」）がありますが、これがもともと中国の詩人・屈原《くつげん》（前三四〇頃～前二七七頃）と関係があったことは、今でもあまり知られていないようです。

中国では、「愛国」思想の現れは戦国時代、この屈原からであったと言えます。その以前には、実はしっかりとした「国」という概念さえありませんでした。

春秋時代、孔子を含め、知識人たちは諸侯国を回って「遊説（諸侯国の王を訪ね、自分の主張をアピール）」しました。自分の主張を採用してくれれば、どの諸侯国で働いていても構わないというのが彼らの考え方、その時代の風潮でした。

後に戦国時代末期になると、諸侯国間の争いが激化し、「弱肉強食」の果てに、秦《しん》と楚《そ》が二大強国となりました。この二つの国は、いずれも天下を統一する可能性がありました。

屈原はその楚の政治家で、詩人でもありました。彼は、楚によって天下を統一したいという夢を持ち、楚の王に多くの提言をしました。

しかし、当時楚の懐王《かいおう》（前三二八～前二九九在位）は愚昧《ぐまい》で、屈原に対する側近の讒言《ざんげん》を信じ、屈原を追放してしまいます。追放された屈原は悲憤にまみれ、絶唱と称された「離騒《りそう》」

などの詩を詠みました。

長編叙事詩である「離騒」は、中国文学史上において不朽の名作です。「離騒」では、屈原は国や民に対する愛や憂慮を繰り返して詠み、次の名句を残します。

路曼曼其脩遠兮
吾将上下而求索

路曼曼《みちまんまん》として其《そ》れ脩遠《しゅうえん》なり
吾将《われまさ》に上下《じょうげ》して求索《きゅうさく》せんとす

流人となった屈原は、自分の夢を実現する路は果てしなく長いけれど、たとえ天の果て、地の果てであろうが、諦めずにどこまでも求めて行こう、と詠んでいます。

結局、屈原の夢は果たされず、秦の軍隊が楚の都を占領したとき、彼は自ら汨羅江《べきらこう》（湖南省）という川に身を投げてしまいました。楚などを滅ぼした秦王の嬴政《えいせい》は、中国の全土を統一し、中国の歴史上、初めての皇帝となります。これが「秦始皇」いわゆる秦の始皇帝《しこうてい》（前二二一～前二一〇在位）です。

伝説では、屈原が亡くなった後、彼の死を悲しんだ人々が、魚が屈原の亡骸《なきがら》を食べないように、粽《ちまき》を作って川に投げたと言います。そして、屈原という愛国詩人を記念するために、命日の旧暦五月五日が、「端午節《たんごせつ》（端午の節句）」とされたのです。

日本と同様に、今も中国では、端午の節句になると、必ず粽を食べます。私の祖母や母の世代では、もち米や小豆、棗《なつめ》を買ってきて自分で作りましたが、いまの若い世代はほとんどスーパーで買っているようです。

一口に粽と言っても、北方は甘い味、南方の粽はもち米と豚肉で作る塩味です。日本のスーパーで、たまに見かける中国の粽は、私の見る限りは、もっぱら南の塩味の粽です。

ところで、屈原の愛国、憂国精神は、日本の右翼にも影響を与えているようです。彼らの愛唱歌である『昭和維新の歌』の冒頭では、「汨羅の淵に波騒ぎ」と、屈原の逸話が踏まえられています。

屈原からの愛国の伝統は、その後も脈々と中国に伝わっていきました。

中国の歴史上、強大であった唐と比べ、その次の宋は弱体で、外来民族の侵略に悩まされ、領土さえも奪われました。

一一二六年、北方の金という政権は、宋王朝の都の汴京《べんけい》（河南省の開封《かいほう》）に侵攻しました。江南に逃げた宋王朝は、翌年、臨安《りんあん》、即ち杭州を新たな都としました。

当時、金との戦いの中で、感動的な愛国英雄、愛国詩歌が多く生まれます。

中国では、小学生からお年寄りまで国のために忠節を尽くした岳飛《がくひ》（一一〇三〜一一四一）を知らない人はいません。

岳飛は、南宋の軍事家で民族的英雄です。岳飛は、金の侵攻に抗う戦の中で、陥落した多くの国土を奪還し、さらに全面的な勝利を収めようとしていましたが、愚昧な皇帝は、当時の宰相・秦檜《しんかい》（一〇九〇～一一五五）の「求和（和解を求める）」の勧めを受け入れ、岳飛に「撤兵しろ」との命令を何通も出しました。

ついに仕方がなく都に戻ってきた岳飛は、秦檜に「莫須有（とくに罪名はいらない）」という「罪名」で殺害されました。

その後、宋の孝宗《こうそう》皇帝（一一六二～一一八九在位）が即位すると、二一年ぶりに岳飛の冤罪が晴らされ、「岳王廟」の建造が命じられました。現在の中国では、杭州西湖《せいこ》の畔や岳飛の故郷・河南省湯陰《とういん》県をはじめ、国に忠節を尽くした岳飛を祭る廟が多く建てられています。

もう一人、同じく南宋の陸游は、愛国詩人で官僚でもありました。彼は八五歳で亡くなる前に絶筆の「示児《じじ》」詩を書いています。

死去元知万事空
但悲不見九州同
王師北定中原日
家祭無忘告乃翁

死《し》し去《さ》れば　元知《もとし》る　万事空《ばんじむな》しきを
但《た》だ悲《かな》しむ　九州《きゅうしゅう》の同《おな》じきを見《み》ざるを
王師《おうし》　北《きた》の中原《ちゅうげん》を定《さだ》むるの日《ひ》
家祭《かさい》　忘《わす》るる無《なか》れ　乃翁《だいおう》に告《つ》ぐるを

死んでしまったら、何もかも空《から》になって、心配事もいっさいなくなるということは、前々からよく知っている。けれど、南北がまだ統一されていないことが悲しく気がかりだ。いつか王の軍隊が、奪われた北の故郷を取り戻したら、先祖を祭る際、その朗報を私にも報告してくれよ、と。私はこの詩を読むたびに感動します。

反日デモは使命だ

近代になっても、支配者の腐敗、無能で中国は諸外国列強にたびたび侵略され、この間、多くの愛国英雄が現れ、民衆の愛国運動も起こりました。よく知られた「五・四運動」はその一つです。

一九一九年五月四日、第一次世界大戦が終結したあと、パリでの講和会議において、山東半島の利権返還など中国の要求が通らず、逆にドイツが中国山東半島での利権を日本に譲渡するベルサイユ条約に、当時の軍閥政府は調印しようとしました。

また、日本の対華二一ヵ条要求への反対もあって、北京の大学生約三〇〇〇人が、天安門広場に集まり、激しいデモ行進を繰り広げました。

その後、デモが拡大すると、軍閥政府は参加した多くの学生を逮捕しました。これを契機に、多くの一般民衆も参加するようになり、デモは全国的規模に発展しました。

ついに軍閥政府は、これを無視することができなくなり、ベルサイユ条約の調印を拒否せざるを得なくなったのです。

二〇〇一年、当時の小泉純一郎首相が、靖国神社を参拝して日中関係が悪化して以来、中国各地でぞくぞくと発生した反日デモは、決して突然のことではありません。中国には、憂患と愛国の歴史、伝統があったからです。

二〇一二年九月一一日、日本政府は尖閣諸島を国有化し、これによってまた、中国各地で、抗議活動が起こり、大規模な反日デモが相次ぎました。

NHKの番組「クローズアップ現代」では、「尖閣諸島の国有化」の抗議デモに参加した、ある中国人男子大学生へのインタビューが紹介されました。「なぜデモに出たのか」、その答えは印象的でした。

彼は自分が持っているカメラやテレビはみな日本製で、日本の製品がいいものだと褒めるし、とくに日本人を憎んでいるのでもない、と言います。しかし、国の領土問題になると、デモに参加するのは「使命だと思った」、と彼は言うのです。

番組に招かれた早稲田大学名誉教授の毛里和子先生は、このインタビューを見て、この青年が「とても無垢だ」と評しました。

反日デモに参加した一部の人が起こした日系関連企業や工場、店の破壊、放火など過激な行動は、愛国心よりも政府に対する不満を晴らす機会にしていた、という指摘は間違ってはいないでしょう。現在の中国では、貧富の差から国に不満を持っている国民は、確かに少なくありません。

さて、屈原の話に戻れば、一九七二年日中の国交が回復された際、当時の周恩来総理が、田中角栄総理大臣に『楚辞《そじ》』という詩集を贈ったことに触れなければなりません。

実は、この『楚辞』に収録されているのは、ほとんど愛国詩人・屈原の作品です。言うまでもなく、『楚辞』はただ中国の古典文学作品として贈られたのではなく、政治的な意図があったはずです。

これに対して、さまざまな憶測がありましたが、おそらく周恩来は、中国人の愛国心、屈原のように、夢を諦めずに求め続け、国のためには命を惜しまないという意志を示したかったのではないか、と考えられます。

唐の太宗皇帝の「三鏡」

日本では、中国人は過去の歴史にこだわりすぎだ、いつまでそんなことを言い続けるつもりか、といった非難がありますが、実を言うと、これは中国人が故意に日本人にだけ言い募っていることではないと思っています。

中国には古くから、「以史為鏡（史《し》を以《もっ》て鏡《かがみ》と為《な》す）」という文化伝統があります。要するに、歴史上の成功や失敗を手本にするということです。これに関する記述を遡ると、日本でも知られた唐の太宗《たいそう》皇帝・李世民《りせいみん》（六二六〜六四九在位）の時代になります。

『旧唐書・魏徴伝《ぎちょうでん》』には、いつも大胆に意見を言ってくれた宰相の魏徴（五八〇〜六四三）が亡くなり、太宗皇帝はとても悲しく涙を流しながら、次のように言ったと記されています。

「銅を以て鏡にすると、自分の服装や身なりがきちんとしているかどうかは分かる。歴史を以て鏡にすると、興亡の原因を知ることができる。人を以て鏡にすると、自分のすることの得失（誤りや正しさ）が分かる。朕《ちん》（皇帝の自称）は、この三つの鏡で過ちを防いできたが、魏徴が逝去してしまい、一つの鏡を失ってしまった」

これが、即ち太宗皇帝の三つの鏡です。

太宗皇帝はとても有能で、臣下の提案や意見をよく聞き入れる皇帝でした。彼は「貞観《じょうがん》の治《ち》」という栄えて平和な世を作り出し、中国の歴史上もっとも良く国内が治まった時代とされています。

中国で、司馬遷の『史記』と比肩する宋王朝の司馬光《しばこう》（一〇一九〜一〇八六）の『資治通鑑《しじつがん》』では、唐の太宗皇帝が治めた天下太平の社会について、こう書いてあります。

「道に落ちているものを拾って自分のものにする者がいない。家の戸締りをする必要もない。旅の商人は野宿をしても大丈夫だ」

余談ですが、私が日本に来たばかりのとき、地方の町で、ドアの鍵をかけず、私を駅まで見送ってくれようとする女友達に、「危ないよ、鍵をかけたほうがいい」と勧めたら、「大丈夫。誰ものを盗んだりしないよ」と言われました。

また、誰か知り合いが来たら家に入れるようにと、わざわざ鍵をかけずに出かける日本人の友人もいました。当時の私は、これはまさに古代の中国人が憧れていた理想の太平社会ではないか、とたいへん感激しました。

さて、お話を戻しましょう。太宗皇帝以来、中国の支配者らは、よく「以史為鏡」を座右の銘として継承してきました。ですから、現代中国の指導者も、これを失敗を防ぐ手段の一つとしています。二〇一三年、新しい指導者となった習近平国家主席も、就任早々、中央のリーダーの学習会において、「歴史はもっともよい教科書だ」と発言しています。

もちろん、これは中国人独特の発想ではなく、日本においても同じような考え方があります。

例えば、アメリカの原爆投下を受けた広島や長崎のお年寄りは、自分が生きているうちにその事実や、その悲惨さを若い世代に伝えようと、語り部として活動されています。

また、沖縄戦を生き残った人がその事実を若い世代に伝えることに対して、
「これはすでに終わったことだから、いつまでもこだわる必要はないじゃないか」
というふうに考える日本人や、そのお年寄りに反感を持つ日本人は、まずいないでしょう。逆にその勇気を称え、尊敬の念を持つことでしょう。

多くの日本人は、この悲惨な歴史が忘れられるのを憂慮し、二度と起こらないように、後世に伝える必要性を感じているのではないでしょうか。

「広島、長崎のことを風化させてはいけない」

まさにその通りだ、と私も思います。

そして、毎年広島と長崎の被爆記念日には、平和記念式典や慰霊平和祈念式典が開かれ、日本の総理大臣をはじめ、政府の要人も多く出席されます。八月一五日の終戦記念日の前後には、それに関連するテレビドラマも、毎年のように放送されます。

また日本航空は、一九八五年八月一二日に起こった一二三便墜落事故の教訓を忘れないように、墜落した機体の一部を同社の施設に展示し、一般公開しています。

これらのすべては、過去の教訓を忘れないようにという考え方からの行いです。早稲田大学・加藤典洋名誉教授の「戦後を終わらせるには」（『毎日新聞』二〇一三年八月一六日朝刊）の文章に、「まさに『歴史を忘れた民族に未来はない』からだ」という分かりやすく、鋭い指摘

もありました。

そして、二〇一五年の一二月、八二歳のお誕生日を迎えられた天皇陛下は記者会見され、「先の戦争のことを十分に知り、考えを深めていくことが日本の将来にとって極めて大切なこと」だとおっしゃいました。

こう見れば、実は中国人も日本人も同じ考えを持っているのです。

今、日中、または日韓の間では、歴史問題をめぐって、なかなか共通認識を持つことができませんが、決して希望を捨ててはいけません。かつて殺し合ってきた過去を乗り越え、フランスとドイツ両国が、共同で歴史教科書を作ったという好例もあります。

我々は、自分たちの国土や自然、また、そこに住む同胞を愛する気持ち、そこに脈々と流れる文化や伝統を重んじる心を、今一度お互いに認め合うことから、広い心で対話と共生を進めて行きたいものだと思います。

なぜ「免疫寛容」が必要なのか？

ベストセラーとなった南雲吉則先生の『50歳を超えても30代に見える生き方』（講談社＋α新書）では、こう指摘されています。花粉症やぜんそく、アトピーなどに悩む人の増加、また毎年インフルエンザで多くの人が亡くなるのも免疫の過剰がその原因だ、と。

そして、南雲先生は、免疫力より「免疫寛容」の方がより大事だ、とおっしゃいます。この「免疫寛容」とは、南雲先生によれば、免疫がほどほどに働いている状態で、「寛容の精神があれば、菌やウイルスとも仲良く共生していけるのです」と説いています。

対処方法として、南雲先生は「無菌生活」から抜け出して、体を菌やウイルスに慣れさせておくことを提言しました。

ご自身は、長年悩まされた花粉症を「外出時にマスクをつけない」、「口呼吸で花粉を取り込むようにする」などの「免疫寛容」の方法、要するに、「口から入った物には免疫を抑制する『免疫寛容』が働いてアレルギーが起こりにくくなる」という方法論で治したのだそうです。

南雲先生の本を拝見すると、中国の古い諺が思い出されます。

「水至清則無魚、人至察則無友」

水があまりにきれいな状態だと魚はいない、人は厳しすぎると友ができない、という意味合いです。日本でも「水清ければ魚棲まず」と言いますね。この数千年前に生まれた諺にも、寛容の重要性が示唆されているのです。

古くからの共生思想『易経』

共生、共存の思想は、二〇〇〇年余り前に成立した『易経』で、すでに述べられていました。

『易経』の思想の中核は陰陽ですが、それは万物が陰陽という全く対立する二つの勢力のもとで、和合していくことです。卦《け》十二「否《ひ》」に、

「天地不交、否（天地《てんち》交《まじ》わらざるは、否《ひ》なり）」

とあります。乾《けん》の天と坤《こん》の地は、本来対立するものです。しかし、この天の陽気と地の陰気が互いに交わらないと、世の中は悪運になると言います。

『易経』で、「吉」とされる卦は、ほとんど共生、共存思想を表わしたものです。そうでないと、「否」になります。卦十三「同人《どうじん》」には、こう書いてあります。

「同人于宗、吝（同人宗《どうじんそう》において、吝《りん》なり）」

一族の人が宗廟に集まる、即ち一族だけで団結しても他と調和、共生しなければ、行き詰まってしまうということです。こうして、天地の陽と陰から人間社会まで、すべては、共存・共生という形態であることが理想とされています。

もちろん、共生がいくら大事だと言っても、国や民族の問題になると、ナショナリズムや

民族感情は避けられないものです。

たとえて言えば、親として自分の子供の悪いところをいくら厳しく叱っても、他人から同様のことを言われたら、「なんて失礼な！」と怒るでしょう。

国と国、民族と民族の間も同様です。日本人に悪口を言われた外国人、外国人に悪口を言われた日本人、みんな同じ気持ちです。

以前、日本のあるテレビ番組で日本の政治について、ある外国人が、いま日本の政党のどれも庶民や国のために考えず、自分の党の利益しか考えていない、と批判しました。すると、その場に居合わせた日本人タレントが、

「そうだけど、あなたに言われたくない」

と反発したのです。これがまさにナショナリズムや民族感情です。でも、これも人情です。この場合も、やはり互いに寛容の態度で語り合うしかありません。

雨降って地固まる？

二〇一二年秋の九月、日本政府が尖閣諸島を購入したことをきっかけに、中国の各地で激しい反日デモなどが起こり、一九七二年の日中国交回復以来、両国の関係は最悪の状態になってしまいました。

これについて、『毎日新聞』（二〇一三年二月四日朝刊）が「お互い冷静、大局的に」というタイトルで、元駐中国大使・丹羽宇一郎氏に「中国とどうつきあっていくべきか」とインタビューした記事を載せました。彼はこう言います。

「どちらの領土か、ということは話し合いでは解決しない。何百年たっても難しいでしょう。しかし、お互いに争って一触即発の事態が起きてはいけない。日中関係は領土問題がすべてではありません」

おっしゃる通り、日中関係にあるのは、領土問題だけではありません。両国は、いろいろな分野で協力できるし、その協力が、両国の繁栄と発展をもたらしてくれるのです。

二〇一三年八月五日のNHKニュースでは、「言論NPO」による日中共同世論調査の結果が紹介されました。中国について、よくない印象を持っている日本人は九〇％で、日本によくない印象を持っている中国人は九三％になり、日中の国民感情はいずれも過去最悪の状態というのです。

その理由としては、歴史認識の問題と尖閣諸島をめぐる対立が挙げられています。しかし、考えてみれば、尖閣諸島の問題は、決して以前に存在しなかった問題ではありません。

一九八〇年代、日本人の中国人に対する親近感や好感度は七九％でした。どうして、今のように低くなったのでしょうか。

とくに、一九八〇年代以後に生まれた若い世代は、日中友好の象徴として、日本にやってきた中国のパンダのホァンホァン、ユウユウなどに親しみ、平和、かつ友好ムードの中で育ったにもかかわらずです。

NHKの番組「クローズアップ現代」では、「日中関係〝草の根交流〟の挑戦」というタイトルで、元サッカー日本代表監督・岡田武史さんが紹介されました。

岡田さんは二〇一一年に杭州緑城《こうしゅうりょくじょう》の監督に就任され、中国のプロサッカークラブ初の日本人監督となりました。彼は、日中の深刻な対立や経済の冷え込みが続いている困難な時代に、率先して草の根の交流に踏み込んだのです。

とても印象深かったのは、岡田監督の次のような発言です。

「中国人がひどいとか、中国を許せないと言う一部の人は実際中国に行ったこともないし、中国人の友達もいない」

言うまでもなく、国民感情は、国の政策や、マスコミの報道に左右されるものですが、今の日本と中国では、やはり草の根の交流、お互いの理解が大切だ、と岡田監督が示唆してくれました。

双方の国民が期待しているのは、日中両国がさらに緊密に連携し、さまざまな分野で協力し合い、国民により豊かな生活をもたらし、アジアの繁栄と安定にも貢献するというようなことでしょう。そう考えると日中両国の不仲は誠に胸が痛むことです。

しかし、不仲や、国民感情の対立は、決して悪いことではありません。『易経』によれば、静止した状態より戦ったり和合したりする方がよいことなのです。国と国、民族と民族は、兄弟や家庭のように、いくら仲がいいと言っても、やはり何かのトラブルがある。これはむしろ当たり前のことです。

まったく喧嘩しない夫婦が仲がよく、深く愛し合っているとは限らない。これは国と国の間にも言えるでしょう。諍いによって、相手への理解もさらに深まっていくはずです。

中国には「不打不成交」という諺があります。

喧嘩をしなければ本当の友にはなれない。日本の「雨降って地固まる」とほぼ同じ意味合いです。ただ、注意しなければならないのは、〝ほどよい〟ということです。戦い、和合は、どちらもどの程度まで行くかが肝心です。

中国人の思想の源と言えば、道教もその一つです。道教は「無為《むい》」、つまり何もしないで自然に従って「知足（足るを知る）」の思想を主張します。『老子』では、

「足《た》るを知《し》れば辱《はずかし》められず、止《とど》まるを知《し》れば殆《あや》うからず。以《もっ》て長久《ちょうきゅう》なるべし」

と言います。満足を知れば恥をかかず、ほどほどのところで止まることを知っていれば危険に遭わず、これで長らえて行けるのです。

ストレスだらけの現代人にとって、これはとても味わい深い教えです。国や民族の付き合いにおいても、この教えを活用できるのではないか、と思います。

心屋仁之助さんが、前にも触れた『「心が凹んだとき」に読む本』で、「戦闘態勢」の相手を一瞬で武装解除させるコツを語る際、こう書いています。

互いに譲らないとき、もし相手があなたに「なるほど、そちらの言うことにも一理あるようですね」と言ってきたら、戦闘態勢だったあなたの心も、ふっとゆるんで、「いや、確かにそちらの言うこともわかります」と。

これは人対人の話ですが、国対国でも同じ道理でしょう。

永遠の敵はいない

中国には、

「没有永遠的敵人」

という現代の諺もあります。世の中には永遠の敵はいない。

長年ずっと敵意を抱いていたアメリカとイランにとても喜ばしい動きがありました。両国のレスリング協会のリーダーたちが、オリンピック競技としての存続のために、握手し、共に努力すると約束した場面は、テレビを通じて世界の人々が目にしました。

そして、半世紀以上も敵対してきたアメリカとキューバとの間でも、五四年ぶりに国交が回復しました。

また政治について、中国では、

「三〇年河東、三〇年河西」

という古い諺がよく用いられます。ご存じのように、黄河は中国人の母なる川です。歴史上、この黄河の河道が不安定で、何回も流れが変わりました。ある場所がもともと黄河の東に位置していたのに、いつからか、黄河の西になってしまう。この現象は黄河の川筋が変わったことによるものです。

これを政治や政権にたとえて、政権の交代や国の興廃を表わします。要するに、世の中は変わっていくものです。

一九四九年、新しい中華人民共和国が成立した頃、中国は先に社会主義を実現した旧ソ連とはとても仲が良く、「ソ連兄貴」と仰ぎ、技術、技術者などの援助を受けました。

しかし、その後、両国指導者の政見、考え方の相違で仲が悪くなると、一九六〇年代、旧ソ連は中国に派遣していた技術専門家を全面的に中国から撤退させ、設計し建設中だったさまざまな工事もそのまま放棄され、設計図さえ持ち帰られました。

それから二〇年の間、中国とソ連は互いにいがみ合い、ほとんど交流がありませんでした。それだけではなく、何回も戦争にまで発展しそうな時期もありました。

私は少女時代を、中国の反右派闘争で「右派」というレッテルを貼られた父が下放された、地理的にロシアに近い北安市《ほくあんし》で過ごしていました。そこは日本人残留孤児の多いところでもあります。

小学生の時から「備戦（旧ソ連との戦争の準備）」で小学生でも防空壕を掘ったり、泥で煉瓦を作ったりしていました。祖母がとくに心配していたのは、ソ連軍が中国に侵攻してきた時の、女の子である私の身の安全でした。

祖母は冬に着る「棉襖（綿入れの上着）」を、花模様の生地をやめ、黒い生地で作ってくれました。万が一の場合は、髪型を男にし、顔に泥や煙突の煤《すす》を塗ってでも身を守るんだよ、と教えてくれました。

当時は、窓ガラスの割れを防ぐために、戦中の日本でもよく見られたように、窓ガラスに紙を「米」の形に貼り、また、光が外に漏れないように、数枚の画用紙を黒く塗ったカーテンを作ったりしました。

「今夜ソ連から爆撃される恐れがある」というような知らせが来ると、服と靴を脱がずに寝ていたことも何度もありました。

一九七〇年代の末、私が入った学校の所在地はソ連にもっと近くなり、川を一本渡れば、向こうはすぐソ連でした。入学後、初めての冬休みの頃、中国とソ連の関係がさらに悪化しました。寒い地域なので、冬になると、川がとても頑丈に凍っていて、その上を車でも走れます。もしソ連軍が中国側を攻撃しようとすれば、あっという間に渡れるのです。

その冬休みが終わって学校に戻るかどうか、学生たち、とくに女子学生とその親が、決断を迫られました。

幸い、中国と旧ソ連はぎりぎりのところで戦争を回避しました。両国のリーダーが、理智的な決断をしたのでしょう。

当時は実家からたくさん持ってきた「備戦用（いざ戦争になったとき）」の乾パンを食べなければなりませんでした。まだ貧しい時代だったし、食糧は配給の時代でもありました。食べ物を粗末にすることは絶対できませんでした。

でも、乾パンをたくさん食べると、やはり飽きてしまいます。最後には、胃が拒絶反応を起こし、乾パンを見るだけでも吐きそうになってしまいました。

一九八〇年代に入ってから、中国では、鄧小平の改革開放政策がしだいに深まりはじめ、庶民の生活が改善され、家にもテレビが入ってきました。喜ばしいことに、旧ソ連との緊張関係も緩和され、ソ連のテレビ番組も見られるようになりました。

私の同僚で、テレビを見て二〇年ぶりに生のロシア語を聞いたロシア語専門の教員たちは、「ああ！　今のロシア語は二〇年前と比べて、ずいぶん変わった」と驚きました。まさに隔世の感を禁じえなかったのです。

この二〇年の間、ロシア語を専門とした教員たちは実に苦しかったのです。交流の機会はほとんどなく、ソ連のラジオ放送さえ聞けませんでした。ソ連は中国の敵で、その放送を聞いたら、逮捕される時代でした。

二〇一三年に中国の指導者は、胡錦濤《こきんとう》から習近平になりました。習近平国家主席が就任後、初めて訪問した外国は、ほかでもないロシアでした。習主席はモスクワ国際関係大学の講演で、「我々両国は永遠によい近隣、よい友達、よいパートナーだ」と、熱く語ったのです（『人民日報』海外版二〇一三年三月二五日）。

そして、プーチン大統領は、ロシアにとって繁栄し安定した中国が必要で、中国にとっても強く成功したロシアが必要だ、と発言し、両指導者は相手の発展を全力で支持する約束をしました。

いまその親密ぶりを見れば、四〇年前、私のような少女が、何のためにあれほどの恐怖にさらされなければならなかったのか、と悔しい気持ちと怒りでいっぱいです。

そもそも、中国人とロシア人の間では、何の争いもなく、むしろ仲良く付き合っていたのに、国の支配者の政見や考え方の相違によって、国と国の関係を悪化させ、庶民が長い間、戦争の恐怖に怯えながら暮していたのです。

このような歴史の悲劇を二度と起こしてはいけません。ですから、たとえ国と国の間で何があったとしても、岡田武史監督のように、民である我々の草の根の交流を続けて行くべきです。平和で安定した世の中を実現するために、指導者たちの決断に任せるだけではなく、民である我々の意志も積極的に表明する必要があるのです。

近年、日中両国政府の関係が冷ややかな中でも、日本旅行に来る中国人は絶えませんでした。「爆買い」がその盛り上がりぶりを物語っています。

二〇一四年の年末に、池上彰さんの「緊急スペシャル」の番組では、「なぜ日本へ旅行に来たか」「反日かどうか」など、中国人観光客にインタビューをしていました。その答えは、主には買い物や、日本食に対する興味などでしたが、とても印象に残ったのは、「日中友好がかなってほしい」、「日本文化を楽しみたい」、「日本人も中国を見に来てほしい」というようなものでした。

「日本文化を楽しみたい」という言葉には大きな拍手を送りたいです。この共生、共存の道を避けては通れないグローバル社会では、他の国や、民族の文化を楽しむことこそ、仲良くなる、もっともよい方法の一つではないかと思います。これはまさに草の根の交流です。

草の根の交流と言えば、中国で一五年も生活し、俳優として中国で大活躍し、バラエティ番組の司会や、大学などでの講演も行い、中国で知らない人がいないほどの人気を博している日本人・矢野浩二さんも、その好例の一つです。

尖閣諸島の国有化で日中関係が緊迫したとき、矢野さんのブログ（微博《ウェイボー》）に、おおぜいの中国人ファンから温かいメッセージが寄せられたそうです。

もちろん、異国でいろいろな苦労もあったでしょうが、それらを乗り越えていく原動力になったものは何か、と聞かれると矢野さんは、「やはり『人』ですね」と、答えました。

政治や文化の摩擦を越え、仕事をうまく進めていく秘訣について、矢野さんと中国の仲間が、口をそろえてこう言っています。

「国籍や国という枠を越えて、ただ人対人だ」

二〇一五年正月「アジアで生きる流儀」というＮＨＫの番組を見たとき、この言葉にうなずきながら、私は胸を打たれました。

今年、中国の旧正月・春節のこともあって、私と夫は久しぶりに浅草寺に参拝しに行きました。早春の好天に恵まれ、大勢の観光客でにぎわう浅草寺は、まさに平和で、幸せな雰囲気に溢れています。

周りにいる外国人参拝客の顔を見ると、欧米人よりアジア人が多く、ちょっと耳を澄ませば、日本語だけでなく、中国語、韓国語、タイ語などが聞こえてきます。そして、誰もが聖観世音菩薩《しょうかんぜおんぼさつ》の前で、手を合わせ仲良く祈っています。

何を祈っているのでしょう？　おそらく自分や家族、愛する人の健康、幸せ、日々の無事、そして、世の中の平和……といった同じことではないでしょうか。

おわりに

二十数年前、私と夫は自分の目で日本という先進国を見、その文化や技術を学びたいという熱意で日本へ留学に来ました。

夢中で努力しているうちに子供も大きくなり、立派な大学生になりました。年を取るにつれて故郷が恋しくなり、もう帰ろうかなあと思っていたところ、二〇一一年三月一一日、日本が東日本大震災に見舞われました。

大きな地震、津波、そして福島原子力発電所の爆発などの恐ろしい光景が直ちに世界中に流され、私たちのところにも、中国にいる友人からの電話やメールが殺到しました。ほとんどは「すぐ帰国して！」「避難して！」といったような内容でした。

私の勤務するある大学では、提携関係で毎年中国から中国語の教員が派遣されますが、地震後、急遽前期の教員派遣が中止となり、現場では、慌ててその代わりの教員をさがすことになりました。

こうした状況の中で、長年日本の方々に助けられながら頑張ってきた古い留学生である私には、何ができるのかと、思わず深く考え込んでいました。

日中両国の文化交流史上、阿倍仲麻呂《あべのなかまろ》（中国名は晁衡《ちょうこう》。六九八〜七七〇）は、よく知られた名前です。遣唐留学生として唐の長安に渡り、後に科挙の試験に合格し、唐王朝の役人になり、かなり高い地位にまで登りつめました。

阿倍仲麻呂は大詩人の李白とも親密な付き合いがあり、李白との間に、感動的な逸話が残っています。

日本晁卿辞帝都
征帆一片遶蓬壺
明月不帰沈碧海
白雲愁色満蒼梧

日本《にほん》の晁卿《ちょうけい》　帝都《ていと》を辞《じ》し
征帆一片《せいはんいっぺん》　蓬壺《ほうこ》を遶《めぐ》る
明月《めいげつ》帰《かえ》らず　碧海《へきかい》に沈《しず》み
白雲《はくうん》愁色《しゅうしょく》　蒼梧《そうご》に満《み》つ
（「晁卿衡《ちょうけいこう》を哭《こく》す」）

哭とは、人の死を悼んで泣くという意味です。仲麻呂が乗った日本への帰国の船が暴風雨に遭遇し、難破したという「誤報」を聞いた李白がこの名作を詠んだのです。

日本の晁衡は長安を去り、船の帆をはためかせて日本へ向かったのだ。ところが名月のような晁衡は海に沈み、ゆえに白雲が愁いをたたえて辺り一面を覆う、と。

九死に一生を得て長安に戻った仲麻呂は、再び唐に仕え、日本への帰国を果たすことはできませんでした。しかし、日中友好や文化交流の先駆者である仲麻呂の精神は、まさに今の西安にそびえ立っている「阿倍仲麻呂記念碑」のように、これからも永く後世に残るでしょう。

中国には、次の有名な詩もあります。

青山処処埋忠骨　　青山《せいざん》処処《しょしょ》忠骨《ちゅうこつ》を埋《う》め
何須馬革裹屍還　　何《なん》ぞ馬革《ばかく》に屍《しかばね》を裹《つつ》んで還《かえ》るを須《もち》いんや

これは清の思想家で、文学家でもある龔自珍《きょうじちん》（一七九二〜一八四一）の「己亥雑詩《きがいざっし》」における句です。

古代の中国では、出征した兵士が亡くなると、その遺体を馬の皮で包んで、陣地や故郷に運んできます。この詩では、龔自珍は逆の視点で、青い山はどこにしても忠臣、勇士の骨を埋めるところであり、どうしてわざわざその遺体を運んでくる必要があるのでしょうか、と詠んでいます。

私は、あらためてこの詩に共感しました。現代のグローバル社会ではなおさら、自分の骨を必ずしも故郷に埋めなくてもよいではないか。それより、日本に残って東日本の復興や、日中両国の友好に微力でもこの身を捧げたほうがいいと、私は決意しました。拙著がこのささやかな願いの一つになればと思います。

今年も、春節（旧正月）に多くの中国人観光客が来日し、その「爆買い」ぶりがよくニュースになりました。今年の新しい変化として、ただ買い物をするだけでなく、日本の文化を体験したり、東京や大阪など大都市にとどまらず地方に足を向ける中国人も少なくないことが報道されました。多くの中国人が日本の文化を肌で感じ、特に日本の素晴らしいサービスを経験したことで、中国のサービス業にもよい影響をもたらしてくれたらと思います。また、中国人観光客がブログにアップした「日本のトイレはとてもキレイよ」「日本人のおじいさんが地図を描いて丁寧に道を教えてくれた」といったようなつぶやきも立派な草の根の交流で、そう思うと、胸が熱くなります。

本書は、講談社企画部の加藤孝広氏のお力添えがなければ、このような形で日の目を見ることはなかったはずです。日本語の表現や文の構成などについて、多くの助言を得ました。この場をお借りして厚くお礼を申し上げます。

二〇一六年二月

陽陽

陽陽

1956年、中国ハルビン市生まれ。本名・徐送迎。黒龍江大学大学院中国文学修士課程修了後、同大学中文学部中国言語文学学科教員を経て92年来日。新潟大学現代社会文化研究科社会文化論博士課程修了。以来日本に暮らし、現在は都内、近県の大学で講師を務めている。
著書には、『「国風」女性形象初探』(北方文藝出版社)、『東アジア文化圏と詩経』(明治書院)など、教科書には、『たのしくできるWe Can! 中国語〈初級・中級〉』(朝日出版社)などがある。
ペンネーム陽陽は、本書執筆にあたり日中両国のさらなる雪融けと明るい未来を祈ってつけたもの。

講談社＋α《プラスアルファ》新書　**724-1 C**

爆《ばく》買《が》い中国《ちゅうごく》人《じん》は、なぜうっとうしいのか？

陽陽《ようよう》 ©Yangyang 2016

2016年3月17日第1刷発行

発行者―――― **鈴木 哲**
発行所―――― **株式会社 講談社**
東京都文京区音羽2-12-21 〒112-8001
電話 編集(03)5395-3522
　　 販売(03)5395-4415
　　 業務(03)5395-3615

カバー写真―――― **Natsuki Sakai／アフロ**
デザイン―――― **鈴木成一デザイン室**
カバー印刷―――― **共同印刷株式会社**
印刷―――― **慶昌堂印刷株式会社**
製本―――― **牧製本印刷株式会社**

ISBN978-4-06-272934-5

講談社+α新書

医者任せが命を縮める ムダながん治療を受けない64の知恵　小野寺時夫
「先生にお任せします」は禁句！ 無謀な手術、抗がん剤の乱用で苦しむ患者を救う福音書！　840円 694-1 B

「悪い脂が消える体」のつくり方 肉をどんどん食べて100歳まで元気に生きる　吉川敏一
脂っこい肉などを食べることが悪いのではない、それを体内で酸化させなければ、元気で長生き　840円 695-1 B

2枚目の名刺 未来を変える働き方　米倉誠一郎
イノベーション研究の第一人者が贈る新機軸!! 名刺からはじめる〝寄り道的働き方〟のススメ　840円 696-1 C

ローマ法王に米を食べさせた男 過疎の村を救ったスーパー公務員は何をしたか?　高野誠鮮
ローマ法王、木村秋則、NASA、首相も味方にして限界集落から脱却させた公務員の活躍！　890円 697-1 C

格差社会で金持ちこそが滅びる　ルディー和子
人類の起源、国際慣習から「常識のウソ」を突き真の成功法則と日本人像を提言する画期的一冊　840円 698-1 C

天才のノート術 連想が連想を呼ぶマインドマップ®〈内山式〉超思考法　内山雅人
ノートの使い方を変えれば人生が変わる。マインドマップを活用した思考術を第一人者が教示　880円 699-1 C

イスラム聖戦テロの脅威 日本はジハード主義と闘えるのか　松本光弘
どうなるイスラム国。外事警察の司令塔の情報分析。佐藤優、高橋和夫、福田和也各氏絶賛！　920円 700-1 C

悲しみを抱きしめて 御巣鷹・日航機墜落事故の30年　西村匡史
悲劇の事故から30年。深い悲しみの果てに遺族たちが摑んだ一筋の希望とは。涙と感動の物語　890円 701-1 A

フランス人は人生を三分割して味わい尽くす　吉村葉子
フランス人と日本人のいいとこ取りで暮らせたら、人生はこんなに豊かで楽しくなる！　800円 702-1 A

専業主婦で儲ける！ サラリーマン家計を破綻から救う世界一シンプルな方法　井戸美枝
「103万円の壁」に騙されるな。夫の給料UP、節約、資産運用より早く確実な生き残り術　840円 703-1 D

75・5%の人が性格を変えて成功できる 心理学×統計学「ディグラム性格診断」が明かす〈あなたの真実〉　木原誠太郎×ディグラム・ラボ
怖いほど当たると話題のディグラムで性格タイプ別に行動を変えれば人生はみんなうまくいく　880円 704-1 A

表示価格はすべて本体価格（税別）です。本体価格は変更することがあります